Ute und Peter Freier

Wanderungen im Schwarzwald

Kultur zu Fuß

Ute und Peter Freier

Wanderungen im Schwarzwald

61 Farbabbildungen,
30 Tourenkarten
und eine Übersichtskarte

Kultur zu Fuß

STEIGER VERLAG

Die Autoren:
Ute und *Peter Freier* haben sich vor mehreren Jahren als Wanderbuchautoren selbständig gemacht. Inzwischen liegen mehr als 25 Wander- und Radtourenbücher zu europäischen Regionen von ihnen vor. Den Schwarzwald haben sie in den letzten Monaten für diesen Band durchwandert und fotografiert.

Von Ute und Peter Freier sind bei Steiger außerdem lieferbar:
Wanderungen in Schottland · Wanderungen im Elsaß
Wanderungen in der Toskana · Wanderungen in Irland
Wanderungen mit Kindern in Dänemark

Die Deutsche Bibliothek - CIP-Einheitsaufnahme

Freier, Ute:
Wanderungen im Schwarzwald / Ute und Peter Freier. - Augsburg :
Steiger, 1997
(Kultur zu Fuss)
ISBN 3-89652-042-3

Gedruckt auf chlorfrei gebleichtem Papier.

Steiger Verlag

Konzeption: Dr. Petra Altmann
Lektorat: Frank Heins
Kartenskizzen: Ingenieurbüro für Kartographie Heidi Schmalfuß, München
Layoutentwurf: VerlagsService Dr. Helmut Neuberger & Karl Schaumann, Heimstetten
Satz und Reproduktion: Typework Layoutsatz & Grafik GmbH, Augsburg
Druck und Bindung: Appl, Wemding

Einbandvorderseite: Landschaft bei Tennenbronn (Mauritius, Mittenwald/Foto: Kabes); Vignette auf Einbandvorderseite: Kloster Trudpert, Münstertal (Mauritius, Mittenwald/ Foto: Pigneter); Einbandrückseite: Hexenlochmühle, Südschwarzwald (Mauritius, Mittenwald/Foto: Pigneter); S. 1: Höfner Hütte, Südschwarzwald; S. 2/3: Krunkelbachhütte, Südschwarzwald. Sofern nicht anders angegeben, stammen alle Abbildungen von Ute und Peter Freier.

Printed in Germany

ISBN 3-89652-042-3

Inhaltsverzeichnis

= für Kinder besonders geeignete Touren

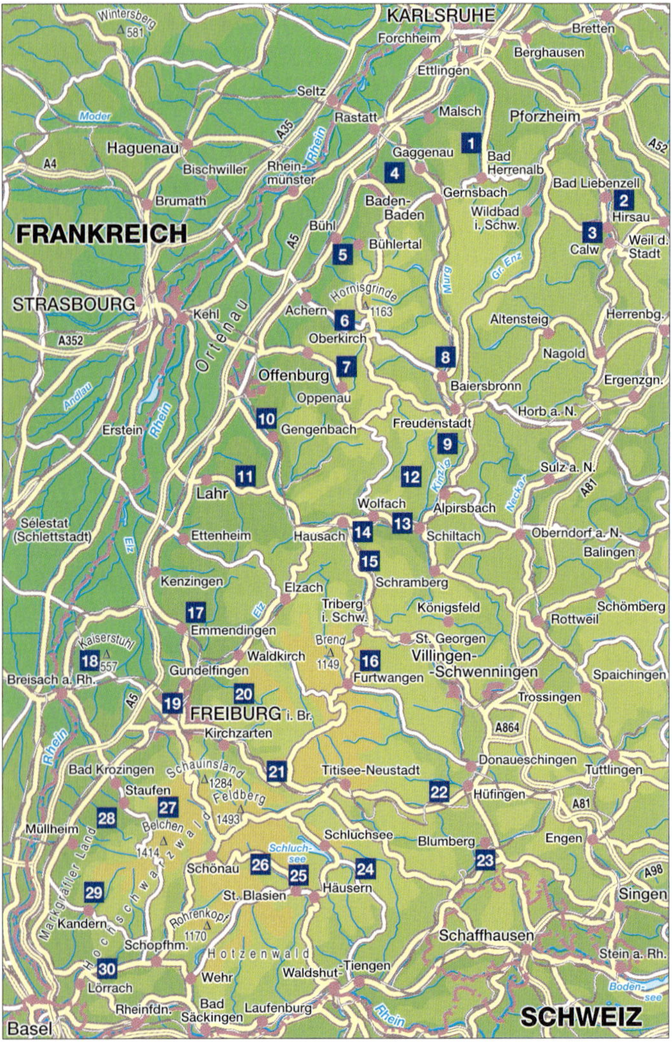
KARLSRUHE
Wintersberg
581
Forchheim
Bretten
Berghausen
Ettlingen
Seltz
Moder
Rastatt
Malsch
Pforzheim
A35
Rhein
Haguenau
1
Bad
Herrenalb
A52
A4
Gaggenau
Bischwiller
Rhein-
münster
4
Bad Liebenzell
Gernsbach
2
Brumath
Baden-
Baden
Hirsau
Wildbad
i. Schw.
3
FRANKREICH
Bühl
A5
Calw
Weil d.
Stadt
5
Bühlertal
Murg
Gr. Enz
Hornisgrinde
1163
STRASBOURG
Kehl
Achern
6
Altensteig
Herrenbg.
A352
Ortenau
Oberkirch
8
Nagold
7
Offenburg
Baiersbronn
Ergenzgn.
Andlau
Oppenau
Horb a. N.
10
Gengenbach
Freudenstadt
Erstein
Rhein
9
11
12
Sulz a. N.
Kinzig
Lahr
A81
Neckar
Wolfach
Alpirsbach
Sélestat
(Schlettstadt)
13
Elz
Hausach
14
Schiltach
Oberndorf a. N.
Ettenheim
Balingen
15
Kenzingen
Schramberg
Elzach
Triberg
i. Schw.
Königsfeld
17
Schömberg
Elz
Rottweil
Emmendingen
Brend
St. Georgen
Kaiserstuhl
Villingen-
18
557
Waldkirch
1149
16
-Schwenningen
Spaichingen
Breisach a. Rh.
Gundelfingen
Furtwangen
20
Trossingen
A5
19
FREIBURG i. Br.
A864
Kirchzarten
Rhein
Donaueschingen
Tuttlingen
Bad Krozingen
Schauinsland
1284
21
Titisee-Neustadt
22
Staufen
Hüfingen
Feldberg
A81
28
27
1493
Müllheim
Belchen
Schluchsee
Blumberg
Engen
1414
Schwarzwald
Markgräfler Land
Schluchsee
Schönau
26
24
23
25
A98
29
Häusern
St. Blasien
Singen
Rohrenkopf
Kandern
1170
Hochschwarzwald
Schaffhausen
Schopfhm.
Hotzenwald
Stein a. Rh.
30
Waldshut-Tiengen
Wehr
Lörrach
Bodensee
Bad
Rheinfdn.
Säckingen
Laufenburg
Rhein
SCHWEIZ
Basel

Einleitung

Landschaftsstruktur

»Schwarzwald« – auf dunklen, dichten Nadelwald läßt der Name dieses Mittelgebirges schließen, und tatsächlich sind auch fast zwei Drittel der Fläche von Tannen- und Fichtenwäldern bedeckt. Doch die Bewaldung verteilt sich heute nicht mehr gleichmäßig auf den rund 160 km langen Höhenzug, denn der ursprüngliche Wald wurde gerodet bzw. belassen, je nachdem, welches Gestein ansteht und wie der Boden genutzt werden kann. Die Nutzung wiederum beeinflußte die Art der Besiedlung, und so präsentieren sich heute im Schwarzwald ganz unterschiedliche Landschaftsbilder: Plateauartige Bergrücken zwischen tief eingekerbten Tälern, in denen kleine Städtchen liegen; auf den Hochflächen ausgedehnte Waldflächen, nur unterbrochen durch Rodungsinseln mit geplant angelegten Dörfern – typisch für den Nordschwarzwald, der bis heute am dichtesten bewaldet ist. Denn das anstehende Gestein, der Buntsandstein, eignet sich nicht besonders gut zur landwirtschaftlichen Nutzung.
Stattliche Schwarzwaldhäuser, die umgeben sind von Acker- und Weideland und sich wie eine Kette am Talhang oder am Bach entlangziehen, jeweils im Abstand von 500 – 600 m zueinander, diese Dorfstruktur, als Zinken bezeichnet, bestimmt im Kinzigtal sowie in dessen Seitentälern das Landschaftsbild des Mittleren Schwarzwald. Der Wald wurde hier zurückgedrängt, denn in dieser in Ost-West-Richtung verlaufenden Mulde, die bei tektonischen Faltungen vor Millionen von Jahren entstand, hat sich die Kinzig mit ihren zahlreichen Nebenflüssen bis auf das Grundgebirge aus Granit und Gneis eingegraben, das landwirtschaftlich bearbeitet werden kann.
Grüne Matten und Mischwald wechseln sich ab im Südschwarzwald, wo noch mehr gerodet wurde. Auf diesen großflächigen Lichtungen liegen nur kleine Weiler, meist nicht mehr als sechs Gehöfte, oder sogenannte Einödhöfe, deren gesamter Besitz als zusammenhängender Block den Hof umgibt. Ermöglicht wurde die landwirtschaftliche Nutzung auch hier durch das anstehende Gestein, Granit und Gneis.
Dessen Wasserundurchlässigkeit führte dazu, daß Oberflächenwasser nicht versickerte, sondern sich sammelte und mit starkem

Gefälle zum Rhein abfloß. So bildeten sich schluchtartige Täler, die heute wie Strahlen vom höchsten Gipfel des Schwarzwalds, dem Feldbergmassiv (1493 m), ausgehen. Tälerschwarzwald wird deshalb diese Region im Südschwarzwald genannt, aber auch **Hochschwarzwald**, denn hier befinden sich dicht beieinander die drei höchsten Gipfel: der Feldberg, das Herzogenhorn (1415) und der Belchen (1414 m). Diese sind alle unbewaldet, was sie zu beliebten Aussichtsbergen macht, zumal sie leicht zu begehen sind. Abgerundet und glattgeschliffen wurden sie von Gletschern, die bis vor 10 000 Jahren den gesamten Hochschwarzwald bedeckten und Spuren hinterließen in Form von trogförmigen U-Tälern wie dem Zastlertal sowie von Gletscherseen wie Schluchsee und Titisee.
Vollkommen anders ist das Landschaftsbild in der **Vorbergzone**, die den Schwarzwald im Westen begrenzt. Ausgedehnte Weinberge und Obstwiesen, dazwischen malerische Winzerdörfer, Burgruinen und viel Sonnenschein – südländisch-heiter wirkt diese Region, die zu den wärmsten Gegenden Deutschlands zählt. Fruchtbarer Lößboden schafft die Voraussetzung für den intensiven Weinanbau, vor allem am **Kaiserstuhl**, eine dem Schwarzwald vorgelagerte Erhebung, die sich aus der flachen, an die Vorbergzone anschließenden Rheinebene erhebt. Am Übergang zwischen Ebene und Gebirge entwickelten sich die größten Städte des Schwarzwalds: Freiburg, Offenburg, Baden-Baden und Karlsruhe.

Wanderwegenetz

Zu Recht gilt der Schwarzwald als Wanderparadies, denn die Wanderwege, die zur Auswahl stehen, ergeben zusammen eine Länge von 23 000 km. Markiert und heute noch betreut wird dieses dichte Wegenetz von dem im Jahr 1864 gegründeten Schwarzwaldverein, der außerdem 24 Wanderheime und mehrere Aussichtstürme unterhält.
Bereits im Jahr 1900 wurde der erste Fernwanderweg angelegt, der Westweg: 279 km von Pforzheim im Nordschwarzwald bis Basel in der Schweiz. Dieser »Klassiker« wurde durch zwei weitere Höhenwege ergänzt: den Mittelweg und den Ostweg, die ebenfalls von Pforzheim aus in Richtung Süden führen und über 230 km lang sind, so daß man jeweils ca. 9 – 12 Tage für das Ablaufen der Strecke ansetzen muß. In West-Ost-Richtung verlaufen zusätzlich sieben

Weinberge und Winzerdörfer ziehen sich am Westrand des Schwarzwalds entlang, in der sogenannten Vorbergzone.

Querwege mit Längen zwischen 45 und 117 km, so daß ein richtiges Gitter an Wanderwegen zur Verfügung steht. Weitere Fernwanderwege, z. B. der Ortenauer Weinpfad oder das Markgräfler Wiiwegli, durchziehen einzelne Regionen. Alle diese Wanderwege sind mit verschiedenfarbigen Rauten durchgängig markiert. Diese vorbildliche Markierung ermöglicht zahllose Kombinationen der Wanderstrecken für einen oder mehrere Tage.
Wer bei mehrtägigen Touren sein Gepäck nicht selbst tragen möchte, für den gibt es das »Wandern ohne Gepäck«, z. B. auf dem »Weg der Uhrenträger« oder »Rund um den Feldberg«. Während man »unbelastet« die jeweilige Tagesetappe genießt, wird das Gepäck zur nächsten Unterkunft befördert. Über die verschiedenen Angebote informiert der Sonderprospekt »Wandern ohne Gepäck«, der beim Schwarzwald Tourismusverband erhältlich ist (s. Reiseinformationen: Wichtige Adressen).

Anforderungen an den Wanderer

Da alle Touren kulturelle Sehenswürdigkeiten – Fachwerkstädtchen, romanische Kirchen, barocke Klöster, interessante Museen, malerische Burgruinen –

als Ziele haben, verlaufen die beschriebenen Wanderungen weniger auf den dünn besiedelten Höhen des Schwarzwalds als vielmehr in den Tälern, so daß die Anstiege nicht zu groß sind – einzige Ausnahme: Tour 7 mit 750 Höhenmetern. Einige Male wurde bei Streckentouren auf Bahn und Bus zurückgegriffen, was bedeutet, daß es zu Fuß bequem bergab geht und mit öffentlichen Verkehrsmitteln zurück. Alle Touren sind markiert, meist nicht durchgängig mit demselben Zeichen, sondern mit verschiedenen, die jeweils im Tourkopf angegeben sind. Kenntnisse im Umgang mit Karte und Kompaß sind folglich nicht erforderlich, nur etwas Kondition ist vonnöten zur Bewältigung der vorwiegend familienfreundlichen Wandertouren.

Immer wieder faszinierend am Wanderweg: Wasserfälle wie hier bei Todtmoos.

Wandern in den verschiedenen Jahreszeiten

Wanderungen im Schwarzwald sind beinahe das ganze Jahr über möglich, wenn man die Region entsprechend der Jahreszeit auswählt.
Im **Winter** werden die Höhen zwar tiefverschneit sein, doch der Stadtrundgang in Freiburg oder die Touren in den Weinbergen der Vorbergzone werden trotzdem möglich sein.
Dort sowie in den nach Westen geöffneten Tälern wandert es sich am besten im **Frühjahr**, das hier 3–4 Wochen früher Einzug hält als in anderen Teilen Deutschlands, denn in der Oberrheinischen Tiefebene, und hier vor allem im Kaiserstuhl, scheint die Sonne so häufig wie sonst nirgendwo in Deutschland.
Im **Sommer** kann es deshalb auch drückend heiß sein. Dann ist es besser, sich auf die Höhen des Schwarzwalds zu begeben, wo ab Ende Mai der Schnee verschwunden und die Luft selbst an heißen Tagen windbewegt ist. Dann bieten sich die Touren an, die durch schattigen Wald, auf die höchsten Höhen oder zu einem Badesee führen.
Im **Herbst**, etwa ab Oktober, muß man allerdings auf den Gipfeln schon wieder mit empfindlich kühlen Tagen rechnen.

Dann empfehlen sich die Touren durch die Vorberge, wo der Herbst aufgrund des milden Klimas spät einsetzt, die Weinberge aufgrund der Verfärbung des Weinlaubs besonders attraktiv sind und in vielen Winzerorten Weinfeste gefeiert werden.

Exkurs in die Geschichte

Die Zeit der Römer
Die Römer schätzten zwar bereits die Thermalquellen in der Vorbergzone – Badruinen in Badenweiler und Baden-Baden zeugen davon –, erbauten auch entlang der Straßen, die um den Schwarzwald herumführten, einzelne Gutshöfe, mieden aber ansonsten das damals noch lückenlos bewaldete und unbesiedelte Gebirge, das wie eine Barriere zwischen ihren Provinzen am Rhein und denen an der Donau lag. Erst im Jahr 74 n. Chr. wurde vom Legionslager Straßburg aus eine Straße durch das Kinzigtal gebaut.

Alemannen und Franken
Um 260 n. Chr. drangen die Alemannen in das von den Römern beherrschte Gebiet zwischen Rhein und Donau vor. Auch die Alemannen siedelten nur im Schwarzwaldvorland, wurden jedoch gegen Ende des 5. Jh. aus dem nördlichen Teil durch die Franken verdrängt, so daß die Linie Oostal – Enztal eine Mundartgrenze wurde, die heute noch besteht.

Frühes Christentum
Im 7. Jh. begannen iro-schottische Mönche in den Randzonen des Schwarzwalds sogenannte »Missionsklöster« zu errichten, z. B. in Gengenbach, Ettenheimmünster, St. Trudpert, von denen aus sie vereinzelte Siedlungen gründeten.

Die Besiedlung des Schwarzwalds
Ab dem 11. Jh. fand die eigentliche, planmäßige Besiedlung des Schwarzwalds statt. Klöster gründeten Tochterklöster, u. a. Hirsau, Alpirsbach, Klosterreichenbach, St. Peter, und vergrößerten durch ausgedehnte Rodungen ihren Besitz. Adlige Familien, u. a. die Zähringer, ermutigten Neusiedler zu roden, dehnten auf diese Weise ihre Machtbereiche aus und mehrten ihren Wohlstand, insbesondere durch die Entdekkung von Erzlagerstätten, u.a. Silber und Eisenerz. Mit der fortschreitenden Erschließung des Schwarzwalds nahm der Bau von Burgen zu, wurden Städte gegründet und Verkehrswege angelegt.

Machtverteilung und Reformation
Aus dem Kampf mehrerer Hochadelsgeschlechter um die Vormachtstellung gingen die Zähringer als Sieger hervor. Doch nach deren Aussterben im Jahr 1218 zersplitterte der Herrschaftsbereich in zahlreiche kleine Herrschaften.
Im 14./15. Jh. begannen die Habsburger, von Süden her ihren Einflußbereich in den Schwarzwald auszudehnen. Sie gründeten Waldshut, erwarben Gebiete vor allem am östlichen Schwarzwaldrand, aber auch Freiburg, das Verwaltungssitz wurde, und die Ortenau.
Im nordöstlichen Teil des Schwarzwalds setzten sich die Grafen von Württemberg fest, im nordwestlichen die Markgrafen von Baden, deren Herrschaft im Jahr 1535 aufgeteilt wurde in die Markgrafschaften Baden-Baden und Baden-Durlach.
Im Zuge der Reformation (16. Jh.) wurden die Württemberger und die Markgrafen von Baden-Durlach protestantisch, die Habsburger und die Markgrafen von Baden-Baden blieben katholisch. Das bedeutete, daß auch ihre Untertanen den von ihnen gewählten Glauben annehmen mußten. Bis heute gibt es deshalb im Schwarzwald sowohl protestantische als auch, überwiegend, katholische Regionen.

Neugliederung im 19. Jh.
Napoleon I. führte im Jahr 1806 in Europa eine großflächige »Flurbereinigung« durch: Der Markgrafschaft Baden sowie dem Herzogtum Württemberg sprach er riesige Gebiete zu und erhob die Territorien zum Großherzogtum Baden bzw. zum Königreich Württemberg. Die Klöster wurden säkularisiert (verstaatlicht), und ihr Landbesitz wurde den weltlichen Fürsten übereignet.

Die Revolution von 1848
Entschiedene Demokraten, die die Einheit des deutschen Volkes sowie mehr Mitspracherechte des Volkes forderten, riefen im April in Konstanz die deutsche Republik aus. Ihnen schlossen sich zahlreiche Bürger an, die zunächst von badischen Regierungstruppen bekämpft wurden. Aber auch diese schlossen sich später der Revolutionsbewegung an. Der Großherzog floh, und die Aufständischen übernahmen die Regierung. Doch im August 1849 wurde der Aufstand niedergeschlagen, 51 Revolutionäre wurden hingerichtet.

19./20. Jh.
Im Jahr 1871 wird das Großherzogtum Baden Mitglied des Deutschen Reichs. Nach dem 1. Weltkrieg (1918) dankt der badische Großherzog ab: Baden

wird Freistaat. Im Jahr 1952 entsteht per Volksabstimmung aus Baden und Württemberg das Bundesland Baden-Württemberg.

Kulturelle Sehenswürdigkeiten

Historische Stadtbilder sind im Schwarzwald keine Seltenheit: In vielen Städtchen haben sich enge Gassen, malerische Marktplätze und Fachwerkhäuser erhalten, so z. B. in Gengenbach, Schiltach und Calw. Barocke Hausfassaden bestimmen das Ortsbild in Offenburg und Staufen. Aus der Renaissance stammt der Grundriß der Stadt Freudenstadt mit dem größten Marktplatz Deutschlands. Im klassizistischen Stil wurden zahlreiche Häuser im Zentrum der ehemaligen Residenzstadt Karlsruhe erbaut.

Burgruinen überragen häufig die Städte, die im Mittelalter gegründet wurden, so z. B. Bad Liebenzell, Hornberg, Badenweiler und Staufen. In diesen Höhenburgen lebten zwischen dem 11. Jh. und dem 16. Jh. die adligen Grundherren, bevor sie sich dem Trend zum komfortableren Wohnen anschlossen und sich tiefer gelegene Schlösser errichten ließen, wie am Beispiel Baden-Baden gut zu sehen ist.

Sehenswerte Kirchen sind aus den unterschiedlichsten Epochen erhalten: Aus der romanischen Epoche u. a. die ehemalige Klosterkirche in Alpirsbach mit den gewaltigen Säulen aus Buntsandstein, St. Cyriak in Sulzburg mit der Krypta unter dem Altarraum und die Aureliuskirche in Hirsau. Eindrucksvolle Bauwerke hat die Gotik hervorgebracht: das Freiburger Münster mit filigran wirkendem Turm; die spätgotische Wallfahrtskirche Maria Krönung in Lautenbach mit prachtvoller Ausstattung; die ehemalige Klosterkirche Allerheiligen, die selbst als Ruine noch beeindruckt. In barockem Stil wurden im 18. Jh. einige Klosterkirchen umgebaut, u. a. die von St. Trudpert im Münstertal sowie St. Märgen und St. Peter, wo auch eine barocke Bibliothek eingerichtet wurde. Klassizistisch ist die gewaltige Kuppelkirche in St. Blasien.

Museen unterschiedlichster Art informieren über das jahrhundertelang wichtigste Waldgewerbe, die Flößerei (Flößermuseen in Wolfach und Gengenbach), über die Herstellung und Bedeutung der Schwarzwalduhren (Uhrenmuseum in Furtwangen), über die unterschiedlichen Trachten (Trachtenmuseum in Haslach und Schwarzwaldmuseum in Triberg), über die Tradition der Glasherstellung (Glasbläse-

Der bekannteste Badeort im Schwarzwald: Baden-Baden mit gepflegten Parkanlagen, traditionsreichen Hotels sowie dem Neuen Schloß.

rei Dorotheenhütte bei Wolfach) und über den Bergbau (Landesbergbaumuseum in Sulzburg).
Zahlreiche Badeorte, die vor allem im Nordschwarzwald und in der Vorbergzone liegen, ziehen mit ihren gepflegten Park- und Kuranlagen Besucher an, wie z. B. Baden-Baden mit dem altehrwürdigen Badepalast Friedrichsbad, dem neuzeitlichen Badetempel Caracalla-Therme sowie dem Kurhaus mit dem ältesten Casino Deutschlands.
Landschaftsprägend sind die Schwarzwaldhöfe: heimelig wirkende Einzelhöfe mit mächtigen Dächern, Sprossenfenstern und blumengeschmückten Holzgalerien, umgeben von kleineren Nebengebäuden: Backhaus, Hofkapelle, Altenteil (Leibgeding) und Speicher. Unter einem Dach leben hier Menschen und Tiere zusammen, weshalb diese Höfe als Eindachhöfe bezeichnet werden.
Seit vielen Generationen sind die Höfe im Besitz derselben Familie, wurden vielleicht in den letzten Jahren modernisiert, blieben aber in ihrer Grundstruktur erhalten. Diese findet sich im gesamten Schwarzwald, nur was Höhe und Dachform anbetrifft, haben sich in den einzelnen Regionen Unterschiede herausgebildet. So überwiegen in den Tälern des Mittleren Schwarzwalds eingeschossige Häuser, deren Wohnteil zum Tal hin ausgerichtet ist; im Hochschwarzwald und in den nach Westen

ausgerichteten Tälern sind die meisten Gehöfte zweigeschossig und von einem Vollwalmdach bedeckt; im südlichen Schwarzwald sind die Häuser nur durch einen sogenannten Dreiviertelwalm gedeckt.
Die beste Möglichkeit, die verschiedenen Hoftypen zu betrachten, bietet das Freilichtmuseum Vogtsbauernhof in Gutach.

Essen und Trinken

Wandern, Essen und Trinken lassen sich im Schwarzwald bestens miteinander verbinden, denn dank des Tourismus, der schon recht früh eingesetzt hat, bieten zahlreiche Gastbetriebe aller Art ihre Dienste an: gediegene **Gasthäuser**, die hervorgegangen sind aus ehemaligen Herbergen an alten Fernstraßen und in deren behaglichen Gastraumen badische Spezialitäten wie Schneckensüpple, Ochsenfleisch mit Meerrettich, Forelle, geraucht oder frisch, Schäufele (mild gepökelte Schweineschulter), Spargel mit Kratzete (Pfannkuchen, der in kleine Stücken geteilt wurde) serviert werden; einfache **Almhütten**, zu denen im Sommer das Vieh hochgetrieben wird und in denen heute Wanderer mit einfachen Gerichten wie Speck, Eintopf und Bibliskäse (ein frischer Quarkkäse) bewirtet werden; einsam gelegene **Bauernhöfe**, zu denen zunächst wohl nur die Einheimischen kamen, um dort hergestellte Lebensmittel – Honig, Speck, Brot, Wurst, Most und Schnaps – zu erwerben und zu konsumieren, die aber heute von Wanderern und Touristen als Ausflugslokale in reizvoller Landschaft geschätzt werden; urige **Weinstuben und -keller**, in denen der heimische Wein ausgeschenkt wird aus der Ortenau, dem Kaiserstuhl, dem Tuniberg, dem Breisgau und dem Markgräflerland; gemütliche **Cafés**, in denen die legendäre Schwarzwälder Kirschtorte bestimmt nicht im Angebot fehlt; renommierte **Restaurants**, in denen gekürte Spitzenköche ihre Kreationen anbieten.
Doch völlig gleichgültig, wo man einkehrt und was man zu sich nimmt, ob ein deftiges Vesper mit Schwarzwälder Schinken, Schwartenmagen, Blut- und Leberwurst oder ein 5-Gänge-Menü in einem Gourmet-Tempel, ein Schnaps aus der Region darf dabei nicht fehlen: ein Kirschwasser oder ein Brand aus den Beeren des Waldes, aus Himbeeren, Brombeeren oder Heidelbeeren, oder aus Topinambur, einer Wurzelknolle.

1 Im Albtal

Tourenlänge
12 km

Durchschnittliche Gehzeit
3 ½ Std.

Etappen
Marxzell – Frauenalb 5 km – Ortsrand Kullenmühle gut 3 km – Bhf. Bad Herrenalb 1,5 km – ehemaliges Kloster 1 km – Bhf. Bad Herrenalb 1 km

Steigung
150 m

Eignung für Kinder
Sehr gut geeignet (ab 6 Jahren)

Wegcharakter
Zu Beginn ein Anstieg am Hang des Albtals, dann bergab nach Frauenalb im Albtal und bequem talaufwärts nach Bad Herrenalb; vorwiegend auf Forst- und Wirtschaftswegen, ca. 3,5 km auf Straßen

Interessantes am Weg
Fahrzeugmuseum in Marxzell, Klosterruine Frauenalb, Kurort Bad Herrenalb mit Überresten eines Klosters und Spielzeugmuseum

Wegmarkierung
Ab Marxzell: roter und blauer Balken; nach ca. 1 km bis zur Lichtung mit dem Metzlinschwander Hof: blauer Balken; Frauenalb – Kullenmühle: blauer Punkt

Klösterliche Mauern, kindgerechte Museen

Vom Bahnhof Marxzell gelangen Sie auf der Durchgangsstraße in wenigen Minuten zum **Fahrzeugmuseum**, einem in einer ehemaligen Sägemühle eingerichteten Museum mit Fahrrädern, Motorrädern, Dampfmaschinen, Lokomotiven und Automobilen von den Anfängen bis heute.
Gegenüber dem Eingang des Museums wenden Sie sich nach rechts und folgen der Straße in Richtung Burbach. Kurz nach Überqueren des Flüßchens Alb gehen Sie in einer Rechtskehre der Straße geradeaus, halten sich nach 25 m an einer Weggabelung rechts und folgen einem Forstweg, der am bewaldeten Hang des Albtals ansteigt. Nach 500 m biegen Sie an einer Hütte links ab auf das sog. *Alte Burbacher Sträßle*, das zunächst 1 km weit recht eben verläuft, einen Querweg kreuzt und anschließend ansteigt. Kurz vor einer Lichtung mit dem Gehöft (Reiterhof) Metzlinschwander Hof mündet der Weg in die Klostersteige ein. Nach links, hangabwärts, erreichen Sie im engen Albtal die umfangreichen Ruinen des ehemaligen **Klosters Frauenalb**, das im Jahr 1180 gegründet wurde als »Gegen-

stück« zu dem wenige Kilometer flußaufwärts gelegenen Zisterzienserkloster Herrenalb. Übriggeblieben sind Gebäude aus dem 17./18. Jh.: das Hauptgebäude, ein Gartenhaus im terrassierten Klostergarten, das Gärtnerhaus und die Klosterwirtschaft (Gaststätte »König von Preußen«). Nur noch Ruine ist die barocke Kirche, 1729–1733 errichtet von Peter Thumb.

Unmittelbar oberhalb der Klosterruinen folgen Sie nach rechts einem Wirtschaftsweg (*Graf-Rhena-Weg*), der entlang des Waldrands talaufwärts verläuft, vorbei an den wenigen Häusern von **Steinhäusle**, und kurz vor Kullenmühle in die nach Bernbach/Gaggenau führende Straße einmündet. Sie halten sich auf der Straße links, biegen aber nach wenigen hundert Metern im Ort wieder rechts ab. Auf der Straße *Schaiblesweg* gelangen Sie an den Fuß des hier steilen und felsigen Talhangs, folgen nach links der Straße *Kirchenweg*, die unterhalb des mächtigen Felsklotzes des Falkensteins entlangführt, und passieren in **Bad Herrenalb** zunächst das Thermalbad, dann den Bahnhof, ehe Sie auf die geschäftige Hauptstraße (*Kurpromenade*) stoßen. Ihr folgen Sie nach rechts – linker Hand der Kurpark –, überqueren den

Die malerischen Ruinen des ehemaligen Klosters Frauenalb dienen bei Sommerkonzerten als Kulisse.

Rathausplatz und erreichen durch eine Passage die Überreste des **Klosters Herrenalb**, das Mitte des 12. Jh. gegründet wurde. Erhalten aus der romanischen und gotischen Bauphase sind das Paradies, die einstige,

heute getrennt von der Kirche stehende Vorhalle mit Zwillingsfenstern sowie der Chor, an den eine Kirche im barocken Stil angebaut wurde. Im Chor befindet sich ein interessantes Grabmal eines badischen Markgrafens. Unweit der Kirche, noch innerhalb der einstigen Klosteranlage, steht das **Spielzeugmuseum**, in dem Puppen, Puppenhäuser, Eisenbahnen und Kaufläden von der Zeit des Biedermeier bis 1920 ausgestellt sind.

Auf demselben Weg gehen Sie zum *Rathausplatz* zurück und folgen durch den **Kurpark** einem Spazierweg, der wieder in die *Kurpromenade* einmündet. Sie halten sich rechts, biegen wenig später links ab in die *Bahnhofstraße* und kehren vom Bahnhof Bad Herrenalb mit der Bahn nach Marxzell zurück.

Informationen zur Tour

Ausgangsort

Marxzell im Albtal, ca. 15 km südlich von Karlsruhe

Anfahrt

PKW: A 5, Karlsruhe – Basel, Ausfahrt Rüppurr/Ettlingen; über Ettlingen und Waldbronn nach Marxzell; Parkplatz am Bahnhof

Bahn: Albtalbahn (= Straßenbahn) Karlsruhe – Bad Herrenalb; Abfahrten in Karlsruhe am Bahnhofsvorplatz

Zielort

Bad Herrenalb

Rückfahrt

Mit der Albtalbahn, 5 – 24 Uhr, alle 30 – 60 Min.

Unterkunft

• Gasthof Blume, Marxzell-Pfaffenrot, Blumenstr. 3, Tel. 0 74 28/2 44; im Zentrum des Ortsteils Pfaffenrot (preiswert)
• Pension Wiesenhof, Marxzell-Burbach, Tel. 0 72 48/10 14; Reiterhof westlich von Marxzell (preiswert)
• JH Bad Herrenalb, Aschenhüttenweg 44, Tel. 0 70 83/24 30; im Ortsteil Aschenhütte
• Camping im Albtal, Tel. 0 70 83/22 16; südwestlich von Bad Herrenalb

Einkehrmöglichkeiten

In Marxzell mehrere Lokale; in Frauenalb Gasthof König von Preußen (durchgehend warme Küche, kein Ruhetag); in Bad Herrenalb Cafés und Restaurants, u. a. das Restaurant Klosterschänke im eleganten Mönchs Posthotel

Öffnungszeiten

• Fahrzeugmuseum Marxzell, täglich 14–17 Uhr
• Klosterruine Frauenalb, jederzeit frei zugänglich
• Klosterruine Herrenalb, jederzeit frei zugänglich
• Spielzeugmuseum Bad Herrenalb, Di–Sa 14.30–17.30, So zusätzlich 10–12 Uhr; im ehemaligen Kloster

Auskunft

Bürgermeisteramt, Rathaus Pfaffenrot, Karlsruher Str. 2, 76359 Marxzell, Tel. 0 72 48/91 47-0

Karte

TK 1 : 50 000, Blatt 1 (Karlsruhe, Pforzheim)

Sehenswertes in der Umgebung

Die Plotzsägemühle in Zieflesberg im oberen Albtal, eine der ältesten Mühlen im Schwarzwald

Steht heute separat: die romanische Vorhalle der einstigen Klosterkirche Herrenalb.

2 Durch das Naturschutzgebiet Monbachtal

Tourenlänge
10,5 km

Durchschnittliche Gehzeit
3 ½ Std.

Etappen
Bad Liebenzell – Ortsrand Monakam 2 km – Monbachbrücke 2 km – Ortschaft Monbachtal 3,5 km – Ortsrand Bad Liebenzell knapp 2 km – Bahnhof Bad Liebenzell gut 1 km

Steigung
230 m

Eignung für Kinder
Sehr gut geeignet (ab 6 Jahren)

Wegcharakter
Von Bad Liebenzell Anstieg am Hang des Nagoldtals bis Monakam; entlang des Monbachs talabwärts, entlang der Nagold bequem talaufwärts; überwiegend auf Waldwegen; durch Monakam und im Nagoldtal auf ruhigen Straßen bzw. Fuß- und Radweg

Interessantes am Weg
Kurort Bad Liebenzell mit Burg Liebenzell, NSG Monbachtal

Wegmarkierung
Von Bad Liebenzell bis Monakam keine Markierung, im Monbach- und Nagoldtal schwarz-rote Raute des Ostwegs; zahlreiche Wegweiser (grüne Schrift auf gelbem Grund)

Vom Kurort zum idyllischen Waldtal

Von Ihrem Parkplatz (*Regulastraße*) in Bad Liebenzell, einem Heilbad, dessen Thermalquellen seit dem 15. Jh. besucht werden, gehen Sie zum *Kurhausdamm*, überqueren die Bahnlinie Pforzheim – Nagold und wenden sich nach links in die *Bahnhofstraße*. Sie passieren den Bahnhof, halten sich in einer Rechtskehre der Straße geradeaus auf der *Schillerallee* und steigen nach wenigen hundert Metern auf dem rechts abzweigenden *Monakamer Kirchweg* am bewaldeten Hang des Nagoldtals an. Entlang der Wohnsiedlung Olgahain, vorbei an einem Waldfriedhof und stets geradeaus erreichen Sie auf der Hochfläche eine zu Monakam gehörende Siedlung. Sie gehen durch die Siedlung hindurch und auf der *Waldstraße* nach links auf den Luftkurort Monakam zu, biegen rechts ab in die *Brunnenstraße* und erreichen wenige Meter nach der Kirche – sehenswert ist der spätgotische »Monakamer Altar« – die *Hauptstraße*. Schräg nach rechts überqueren Sie die Straße und verlassen den Ort auf der *Lindenstraße*. Ein Wirtschaftsweg führt auf das Monbachtal zu und am Waldrand nach links in Richtung Talausgang. Wenig später halten Sie sich rechts, steigen auf die Sohle des engen Tals hinunter und wenden sich talabwärts. Kurz darauf überqueren Sie die Monbachbrücke und folgen talabwärts dem felsigen Bett des Monbachs. Der Weg wechselt wieder auf das andere Ufer hinüber und mündet nach einem weiten Linksbogen des Tals bei den Gebäuden der Ortschaft Monbachtal in ein Sträßchen ein. Sie wenden sich nach links und gelangen, nur wenige Meter oberhalb der im Nagoldtal verlaufenden Bahnlinie, in das zu Bad Liebenzell gehörende Wohngebiet Olgahain. Hier überqueren Sie die Bahnlinie, kurz darauf die Nagold und steigen zu einem Fuß- und Radweg hinunter, der entlang des Flusses zum Kurhausdamm führt. Über den *Kurhausdamm* kehren Sie zu Ihrem Ausgangspunkt zurück.

Äußerst beliebt als Ausflugsziel für Familien: der Rastplatz im Naturschutzgebiet Monbachtal.

Informationen zur Tour

Ausgangsort

Bad Liebenzell im Nagoldtal

Anfahrt

PKW: A 8, Stuttgart – Karlsruhe, Ausfahrt Pforzheim – Ost oder West; durch Pforzheim und auf der B 463 in Richtung Calw nach Bad Liebenzell; Parkstreifen entlang der Regulastraße

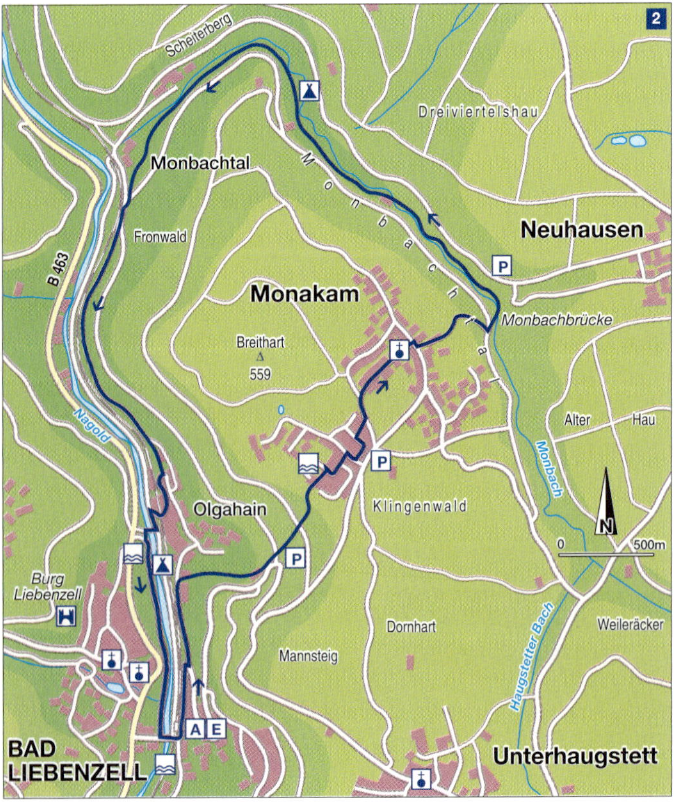

zwischen Bahnhof und der Nagold
Bahn: Station an der Linie Pforzheim – Freudenstadt

Zielort
Wie Ausgangsort

Unterkunft
- Kronen Hotel, Badweg 7, Tel. 0 70 52/40 90; im Tal unweit der Kuranlagen (gehoben)
- Hotel Ochsen, Karlstr. 12, Tel. 0 70 52/92 00; nahe der Kirche (mittel)
- Hotel Adler, Wilhelmstr. 30, Tel. 0 70 52/22 26; an der Durchgangsstraße in Richtung Pforzheim (preiswert)
- Campingpark, Tel. 0 70 52/4 04 60; nördlich des Zentrums von Bad Liebenzell

Einkehrmöglichkeiten
Cafés und Restaurants in Bad Liebenzell; Gasthof Hirsch in Monakam

Öffnungszeiten
- Evang. Kirche Monakam, Besichtigung April – Okt. nach Vereinbarung (Tel. 0 70 52/38 58)

Auskunft
Kurverwaltung, Kurhausdamm 4, 75378 Bad Liebenzell, Tel. 0 70 52/4 08-0

Karte
TK 1: 50 000, Blatt 1 (Karlsruhe, Pforzheim)

Rund 4 km lang ist die Schlucht, durch die der Monbach über mehrere Terrassen abfließt.

Sehenswertes in der Umgebung
Burg Liebenzell (13. Jh.), Sitz einer Jugendbildungsstätte, Museum der Liebenzeller Mission (Mi/So 14.30 – 16.30 Uhr), Turmbesteigung (täglich außer Do 10 – 17 Uhr), Café-Restaurant (Mo geschl.)

3 Im Nagoldtal

Tourenlänge
7 km

Durchschnittliche Gehzeit
2–2 1/2 Std.

Etappen
Hirsau (Parkplatz) – Kloster 0,5 km – Stadtrand Calw 2,5 km – Stadtmitte 1 km – Hirsau (Parkplatz) 3 km

Steigung
140 m

Eignung für Kinder
Gut geeignet (ab 8 Jahren)

Wegcharakter
Zu Beginn ein kurzer Anstieg am Hang des Nagoldtals; von Calw nach Hirsau bequem talabwärts entlang der Nagold; ca. 2 km auf Waldweg, ansonsten auf Straßen

Interessantes am Weg
In Hirsau die romanische Aureliuskirche, Kloster St. Peter und Paul und die Ruine eines Jagdschlosses, Klostermuseum; in Calw Fachwerkhäuser, Hermann-Hesse-Museum, Heimatmuseum

Wegmarkierung
Hirsau – Calw: rot-schwarze Raute (Ostweg) und dreieckige, hellbraune Täfelchen des Rundwegs 10; keine Markierung auf dem Rückweg nach Hirsau

Vom Kloster Hirsau in die Altstadt von Calw

Vom Parkplatz am Sportplatz in **Hirsau** gehen Sie zur *Calwer Straße* (B 463) und überqueren sie schräg nach rechts zur **Aureliuskirche**, Mitte des 11. Jh. als Klosterkirche erbaut an der Stelle des ersten frühchristlichen Klosters. Beeindruckend im schlichten Innenraum sind die wuchtigen Säulen. Angebaut ist ein Klostermuseum, in dem über die Geschichte des einst so bedeutenden Klosters informiert wird. Weiter auf der *Calwer Straße*, über die Nagold und geradeaus in der *Wildberger Straße* erreichen Sie den umfangreichen Komplex des **Klosters St. Peter und Paul**, das Ende des 11. Jh. von den Mönchen des Aureliusklosters bezogen wurde, nachdem die wachsende Bedeutung des Klosters einen größeren Neubau notwendig gemacht hatte. Erhalten blieben nach Zerstörungen im 16./17. Jh. der einstige Kirchturm, der sogenannte Eulenturm mit Bildfries, der Kreuzgang und die gotische Marienkapelle. Die beeindruckende Ruine neben dem Kloster war ein Jagdschloß (1592) der württembergischen Herzöge.
Sie kehren in der *Wildberger Straße* zurück, biegen rechts ab

Beeindruckende Überreste einstiger Machtzentren: das Kloster Hirsau und das Jagdschloß der württembergischen Herrscher.

in die Straße *Altburger Weg* und steigen am Talhang an. Nach 200 m wenden Sie sich erneut nach rechts, nach wenigen Metern am Ortsrand nach links und steigen hoch zu einem Forstweg, dem Sie nach links folgen. In leichtem Auf und Ab führt der Weg am bewaldeten Talhang entlang, kreuzt in einem engen Seitental den Schinderbach und führt in das Nagoldtal hinunter zu einem Industrie- und Gewerbegebiet von Calw. Sie wenden sich nach rechts und gelangen auf der Straße *Hirsauer Wiesenweg* zu der nach Wimberg hochführenden Straße. Ihr folgen Sie geradeaus 250 m weit bis in eine Linkskurve der Straße, wo Sie – jetzt schon in der Altstadt von Calw – leicht nach rechts durch die *Haggasse* ansteigen zur *Altburger Straße*.

Sie halten sich links – zu Ihrer Linken das **Hermann-Hesse-Museum**, zu Ihrer Rechten der Stadtmauerturm »Der Lange« – und überqueren den langgestreckten **Marktplatz** mit Marktbrunnen (17. Jh.) und stattlichen Fachwerkhäusern. Nach links zur *Marktstraße* – hier steht das **Geburtshaus** des Schriftstellers **Hermann Hesse** (1877–1962) –, dann nach rechts erreichen Sie den *Hermann-Hesse-Platz* und die **Nikolausbrücke** mit einer Brückenkapelle (um 1400). Durch die *Marktstraße* gehen Sie zurück und folgen geradeaus der *Ledergasse*, die in die nach Wimberg führende Straße einmündet. Auf demselben Weg, auf dem Sie nach Calw gelangten, verlassen Sie die Stadt wieder, bleiben nun aber auf der Straße, die entlang der Nagold nach Hirsau führt. In **Hirsau** wenden Sie sich auf der Durchgangsstraße nach rechts und kehren zu Ihrem Ausgangspunkt zurück.

Dem hl. Nikolaus ist die gotische Brückenkapelle auf der Nagoldbrücke in Calw geweiht.

Informationen zur Tour

Ausgangsort

Hirsau, Ortsteil von Calw

Anfahrt

PKW: A 8, Stuttgart – Karlsruhe, Ausfahrt Pforzheim – Ost oder -West; durch Pforzheim und auf der B 463 in Richtung Calw nach Hirsau; Parkplatz am Sportplatz, an der Abzweigung der Straße in Richtung Ottenbronn

Bahn: Station an der Linie Pforzheim – Freudenstadt

Bus: Verbindungen von Pforzheim, Bad Liebenzell, Bad Wildbad; Haltestelle am Kloster

Zielort

Wie Ausgangsort

Unterkunft

- Hotel Kloster Hirsau, Wildbader Str. 2, Tel. 0 70 51/56 21; nahe am Kloster (gehoben)
- Gasthaus Waldhorn, Calwer Str. 19, Tel. 0 70 51/5 84 84; in der Nähe des Bahnhofs Hirsau (preiswert)
- JH, Im Zwinger 4, Tel. 0 70 51/ 126 14; am westlichen Altstadtrand von Calw
- Campingplatz Schwarzwaldblick, Weidensteige 54, Tel. 0 70 51/ 128 45; im Ortsteil Heumaden, östlich von Calw

Einkehrmöglichkeiten

Gasthäuser und Café in Hirsau; Cafés bzw. Straßencafés und Restaurants in Calw

Öffnungszeiten

- Klostermuseum Hirsau, April – Okt. Di – So 14 – 17, Nov.–März nur Sa/So 14 – 17 Uhr; bei der Aureliuskirche
- Kloster Hirsau jederzeit frei zugänglich; Führungen April – Okt. So 11 und 15 Uhr
- Hermann-Hesse-Museum, Marktplatz 30, Di – Sa 14 – 17, So 10 – 12 und 14 – 17 Uhr
- Stadtmauerturm »Der Lange«, Ostern – Ende Okt. So 10 – 12 Uhr
- Heimatmuseum, Bischofstr. 48, April – Okt. Mi 14 – 16, So 10 – 12 Uhr

Auskunft

Verkehrsamt, Aureliusplatz 10, 75365 Calw, Tel. 0 70 51/96 88 66

Karte

Atlasco 1 : 25 000, Blatt 206 (Bad – Liebenzell, Schömberg)

Sehenswertes in der Umgebung

Romanische St. Candiduskirche in Kentheim

4 Zur Burgruine Hohenbaden

Tourenlänge
10 km

Durchschnittliche Gehzeit
3–3 1/2 Std.

Etappen
Parkplatz (nahe Hotel Wolfsschlucht) – Verbrannter Felsen 1,5 km – Burgruine Alt-Eberstein 2 km – Ebersteinburg (Ortsmitte) 0,5 km – Untere Battert-Hütte gut 1 km – Obere Battert-Hütte 1 km – Burgruine Hohenbaden knapp 1 km – Parkplatz knapp 3 km

Steigung
340 m

Eignung für Kinder
Gut geeignet (ab 8 Jahren)

Wegcharakter
Drei nicht allzu lange Anstiege; einige kurze Abschnitte auf Straßen, ansonsten auf Forst- und Waldwegen

Interessantes am Weg
Burgruinen Alt-Eberstein und Hohenbaden, felsige Wolfsschlucht, Felslandschaft am Battert

Wegmarkierung
Hotel Wolfsschlucht – Ruine Alt-Eberstein: Rundweg 65; Ebersteinburg – Untere Battert-Hütte: Rundweg 74, anschließend Rundweg 75 bis Ruine Hohenbaden; von Hohenbaden Rundweg 73 einige hundert Meter, dann einige hundert Meter ohne Markierung und Rundweg 76 zum Ausgangspunkt

Burgen, Felsen, Aussichtspunkte

Vom Parkplatz an der Straße Baden-Baden – Gaggenau gehen Sie neben der Straße in Richtung Gaggenau am Hotel Wolfsschlucht vorbei und biegen links ab auf einen Forstweg, der oberhalb der felsigen **Wolfsschlucht** verläuft. Nach einigen hundert Metern zweigt an einer Gedenktafel links ein schmaler Weg ab, der zum **Verbrannten Felsen** mit der Lukashütte führt. Sie gehen einige Meter zurück, halten sich leicht nach rechts und gelangen an den Waldrand. Durch eine Kleingärtneranlage hindurch und nach links erreichen Sie an einem Friedhof eine Straße, der Sie nach rechts bis in eine Linkskurve folgen. Rechts zweigt ein Waldweg ab, der entlang der felsigen Hangkante zu der auf einem Felsklotz sitzenden **Burgruine Alt-Eberstein** führt, im 11. Jh. Wohnsitz der Grafen von Eberstein, dann Wohnort der Witwen der Badener Markgrafen. Schildmauer und Bergfried (Rundblick) stammen aus dem 12. Jh.
Auf der steilen Burgzufahrt steigen Sie nach **Ebersteinburg** hinunter, halten sich auf der *Hauptstraße* links und biegen kurz darauf in der Ortsmitte rechts ab in die *Hilsbrunnenstraße*. Am

Waldrand folgen Sie geradeaus dem am Hang des Bergrückens **Battert** ansteigenden *Franzosenweg*. Nach 500 m biegen Sie scharf links ab auf den *Bienewaldweg*, der, streckenweise zwischen Felsen, zur **Unteren Battert-Hütte** führt. Hier wenden Sie sich nach rechts, halten sich nach wenigen Metern erneut rechts und steigen auf dem *Oberen Felsenweg* zur **Oberen Battert-Hütte** und zur Felsenbrücke auf. Über die sog. Ritterplatte erreichen Sie die mächtige Anlage der **Burgruine Hohenbaden** (Altes Schloß), vom 11. – 15. Jh. Sitz der badischen Markgrafen, bevor diese in das tiefer gelegene Neue Schloß umzogen. Obwohl im 16. Jh. durch Brand zerstört, sind die Überreste noch immer beeindruckend. Die ältesten Teile sind die Oberburg mit Bergfried und Schildmauer, aus der Zeit um 1400 stammt die Unterburg mit dreigeschossigem Palas und Wirtschaftsgebäuden.
Durch das untere Tor verlassen Sie die Burganlage und wenden sich nach links auf den *Unteren Felsenweg* in Richtung Untere Battert-Hütte, folgen nach ca. 600 m an einer Wegkreuzung einem leicht rechts bergab führenden Forstweg, kreuzen den *Badener Weg* und gelangen auf dem *Furtwänglerweg* bequem zu einer **Furtwängler-Gedenkstätte**. Wenig später biegen Sie rechts ab, passieren die Engelskanzel und kehren zu Ihrem Ausgangspunkt zurück.

Von der Schloßgaststätte in der Burg Alt-Eberstein aus läßt sich die Aussicht bewundern.

Informationen zur Tour

Ausgangsort

Baden-Baden, Kur- und Badeort

Anfahrt

PKW: A 5, Karlsruhe – Basel, Ausfahrt Baden-Baden; in der Stadt der Ausschilderung Gaggenau/Ebersteinburg folgen in einen Sattel oberhalb von Baden-Baden; Parkplatz vor der Linksabzweigung der Straße nach Ebersteinburg

Bus: Die Haltestelle Wolfsschlucht liegt an der Linie Baden-Baden – Bad Herrenalb (SüdwestBus, mehrmals täglich) und an der Stadtlinie 214 Baden-Baden – Gaggenau (täglich ca. alle 60 Min.)

Zielort

Wie Ausgangsort

Unterkunft

• Hotel Kappelmann, Rotenbachtalstr. 30, Tel. 0 72 21/765 30; oberhalb des Stadtzentrums an der Anfahrtsstrecke zum Ausgangspunkt (gehoben)

• Hotel Wolfsschlucht, Ebersteinburgstr. 2, Tel. 0 72 21/2 23 82; am Ausgangspunkt (mittel)

• Gästehaus Erika Falk, Hilsbrunnenstr. 1, Tel. 0 72 21/765 30; im Zentrum von Ebersteinburg (preiswert)

• JH Werner Dietz, Hardbergstr. 34, Tel. 0 72 21/5 22 23; Baden-Baden, Ortsteil Weststadt

Einkehrmöglichkeiten

Hotel-Café Wolfsschlucht am Ausgangspunkt (Do geschl.); Schloßgaststätte Alt-Eberstein mit Gartenwirtschaft (Nov. – Febr. und Fr geschl.); in Ebersteinburg Gasthaus Krone und Restaurant im Gemeindezentrum; Restaurant Altes Schloß in der Ruine Hohenbaden (Mo geschl.)

Öffnungszeiten

• Burgruine Alt-Eberstein sowie Altes Schloß jederzeit frei zugänglich

Auskunft

Tourist Information, Augustaplatz, 76530 Baden-Baden, Tel. 0 72 21/27 52 00

Karte

Atlasco 1 : 30 000, Blatt 229 (Baden-Baden)

Sehenswertes in der Umgebung

Innenstadt von Baden-Baden mit Kurhaus, Casino, Trinkhalle sowie Ruinen römischer Badanlagen unter dem Römerplatz, Ostern – Ende Okt. tägl. 10 – 12, 13.30 – 16 Uhr

Am felsigen Höhenrücken Battert erbauten sich die badischen Markgrafen im 11. Jh. ihr erstes Schloß, heute eine eindrucksvolle Ruine.

5 Die Burgruine Alt-Windeck

Tourenlänge
10 km

Durchschnittliche Gehzeit
3 1/2 Std.

Etappen
Kappelwindeck – Kreiskrankenhaus 1 km – Rittersbach (Ortsmitte) knapp 1 km – Waldmatt gut 2 km – Burgruine Alt-Windeck knapp 1 km – Rasthütte Gucken 2,5 km – Kappelwindeck (Kirche) 2,5 km

Steigung
220 m

Eignung für Kinder
Gut geeignet (ab 8 Jahren)

Wegcharakter
Von Rittersbach ein längerer, streckenweise steiler Anstieg nach Alt-Windeck; am Hang in leichtem Auf und Ab, anschließend bergab nach Kappelwindeck; vorwiegend auf Weinberg- und Waldwegen; in den Ortschaften auf zumeist ruhigen Straßen

Interessantes am Weg
Burgruine Alt-Windeck

Wegmarkierung
Ortsende Kappelwindeck – Waldmatt: blaue Raute; Alt-Windeck – querlaufender Weg Klotzberg – Kappelwindeck: blaue Traube in roter Raute (Ortenauer Weinpfad), anschließend blaue Raute bis Kappelwindeck

Aussichtspunkt über den Weinbergen

In Kappelwindeck gehen Sie von Ihrem Parkplatz zum Kirchplatz mit der erhöht stehenden barocken Kirche St. Maria (1765) und einer uralten Linde, wenden sich nach rechts und biegen nach 50 m an einer Volksbank erneut rechts ab in die *Schänzelstraße*. Über zwei Kreuzungen hinweg erreichen Sie eine breite Umgehungsstraße, folgen ihr nach rechts und biegen nach dem Parkplatz des Kreiskrankenhauses links ab auf einen Fuß- und Radweg. Parallel zur Straße erreichen Sie das Straßendorf Rittersbach. Auf der querlaufenden *Hauptstraße* steigen Sie nach links leicht an und biegen kurz vor dem Ortsende in einer Linkskurve der Straße rechts ab auf einen Fußweg. Entlang eines Baches steigen Sie zwischen Weinfeldern nach Waldmatt hoch. Im Ort folgen Sie nach links der Zufahrtsstraße von Alt-Windeck, schneiden auf einem rechts abzweigenden Weg eine Straßenkehre ab und erreichen, nun wieder auf der Straße, die Burgruine Alt-Windeck (Restaurant; schöner Ausblick). Von dem um 1200 erbauten Stammsitz der Ritter von Windeck blieben, obwohl die Burg nie zer-

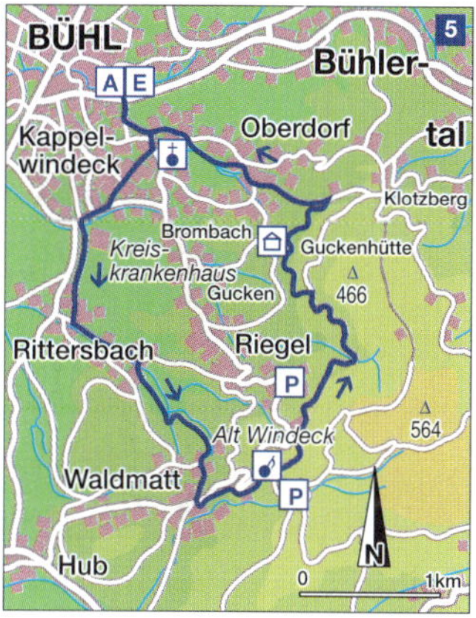

stört wurde, nur zwei Bergfriede sowie eine Giebelwand des Palas erhalten.

An einem Parkplatz vor der Burganlage folgen Sie nach links einem breiten Waldweg (*Jägerweg*), der in zahlreichen Kurven am steilen, bewaldeten Hang verläuft. Nach ca. 2 km verlassen Sie diesen Weg nach links, steigen kurzzeitig ab und wenden sich wieder nach rechts, in nördliche Richtung. Vorbei an einer Rasthütte erreichen Sie nach 1 km einen von Klotzberg herführenden Weg, auf dem Sie nach links durch Weinberge absteigen nach **Oberdorf**. Im Ort folgen Sie der blauen Raute. Wenig später erreichen Sie in **Kappelwindeck** die *Klotzbergstraße*, die nach links zur Kirche führt.

Informationen zur Tour

Ausgangsort

Kappelwindeck, Ortsteil von Bühl

Anfahrt

PKW: A 5, Karlsruhe – Basel, Ausfahrt Bühl; durch Bühl in Richtung Bühlertal nach Kappelwindeck; Park-

Beliebt als Ausflugsziel: die Burgruine Alt-Windeck mit Restaurant und Aussichtsterrasse.

Die Vorbergzone am westlichen Rand des Schwarzwalds ist ideal für den Weinanbau, denn sie ist eine der wärmsten Regionen Deutschlands.

möglichkeit im Ortszentrum in der Kappelwindeckstraße nahe der Kirche
Bus: Verbindung vom Bhf. Bühl mehrmals täglich; Haltestelle Kirchplatz

Zielort

Wie Ausgangsort

Unterkunft

- Wehlauer's Badischer Hof, Hauptstr. 36, Tel. 07223/23063; im Zentrum von Bühl (gehoben)
- Hotel Jägersteig, Kappelwindeckstr. 95a, Tel. 07223/98590; am südöstlichen Ortsrand von Kappelwindeck (mittel)
- Gasthaus Deutscher Kaiser, Bühlertalstr. 16, Tel. 07223/23497; im Zentrum von Bühl (preiswert)
- Campingplatz Adam, Tel. 07223/23194; in Bühl-Oberbruch

Einkehrmöglichkeiten

In Kappelwindeck Restaurant Lamm; Burgrestaurant Alt-Windeck mit Aussichtsterrasse (Jan./Febr. und Di geschl.)

Öffnungszeiten

- Burgruine Alt-Windeck jederzeit frei zugänglich

Auskunft

Verkehrsamt, Hauptstr. 41, 77815 Bühl, Tel. 07223/283233

Karte

Atlasco 1:30 000, Blatt 229 (Baden-Baden)

6 Im Achertal

Tourenlänge
14,5 km

Durchschnittliche Gehzeit
4 – 4 ½ Std.

Etappen
Ottenhöfen – Mühle am Hagenstein 1,5 km – Köninger Mühle knapp 1 km – Benz-Mühle 4,5 km – Furschenbach gut 1 km – Mühle am Rain 1 km – Bühler Mühle 2 km – Mühle im Simmersbach 1,5 km – Ottenhöfen (Bhf.) 2 km

Steigung
300 m

Eignung für Kinder
Gut geeignet (ab 8 Jahren)

Wegcharakter
Zwei kurze, steile und mehrere leichte Anstiege; abwechselnd auf schmalen Straßen, asphaltierten Fahrwegen und auf Wirtschaftswegen; von Hagenbruck zur Mühle am Hagenstein einige hundert Meter auf zeitweise stark befahrener Durchgangsstraße

Interessantes am Weg
Mehrere Mühlen

Wegmarkierung
Durchgängig Wegweiser des »Mühlen(rund-)wegs« und an Bäumen aufgemaltes weißes »M«

Zu den Mühlen von Ottenhöfen

Vom Bahnhof **Ottenhöfen** gehen Sie durch den Kurpark zur *Allerheiligenstraße,* wenden sich nach rechts und biegen nach wenigen Metern links ab in die *A.-Köhler-Straße*. Am Ortsende befindet sich auf Höhe einer aus Holz errichteten Kirche eine ehemalige Hammerschmiede am jenseitigen Ufer des Flüßchens Acher. Entlang der Acher gelangen Sie auf dem *Theresienweg* zu den Gehöften von **Hagenbruck**, wenden sich nach links und steigen auf der zeitweise stark befahrenen Durchgangsstraße Ottenhöfen – Seebach (links gehen!) nach rechts wenige Minuten an zur **Mühle am Hagenstein** – eine kleine Fachwerkmühle, bei der das Wasser von oben auf das Mühlrad geleitet wird.
Auf demselben Weg gehen Sie zurück, überqueren auf der Durchgangsstraße die Acher und steigen auf dem ersten rechts abzweigenden Sträßchen (Ausschilderung: Zieselberg) steil hoch zur **Köninger Mühle**, die kein Wasserrad mehr besitzt.
Das Sträßchen führt zum Waldrand, wo Sie sich nach links wenden und einem gut markierten, kurvenreichen Fahrweg am Südhang des Zieselbergs folgen. Ein Forstweg führt geradeaus

weiter, biegt dann in nördliche Richtung um und geht bei den wenigen Gehöften von **Buchwald** in ein Sträßchen über. Einige hundert Meter nach dem letzten Hof verlassen Sie das nach Muttert führende Sträßchen nach links, umrunden ein Wiesental und wenden sich an einer Wegkreuzung nach rechts. Entlang des Waldrands gehen Sie in einem weiteren Wiesental aufwärts zur **Benz-Mühle** (Am Bach), die noch mit dem in einem Weiher aufgestauten Wasser betrieben wird.
Ein kurvenreiches Sträßchen führt hinunter in das Tal der Acher zu einigen Höfen von **Furschenbach** mit der **Schmälzle Mühle**, die zwar kein Wasserrad mehr hat, in der man aber einkehren kann. Unmittelbar vor der Bahnlinie Achern – Ottenhöfen wenden Sie sich nach links und erreichen entlang der Gleise einen weiteren Ortsteil von Furschenbach. Geradeaus gehen Sie durch den Ort hindurch, überqueren am Ortsende die Bahngleise, die Durchgangsstraße und die Acher – hier steht die **Mühle am Rain**, die, obwohl bereits 180 Jahre alt, noch funktioniert – und gelangen auf einem nach links führenden Fahrweg, der wenige Meter oberhalb der Talsohle verläuft, in den Weiler **Lauenbach**. Auf der ersten rechts abzweigenden Straße steigen Sie einige hundert Meter weit an, halten sich kurz nacheinander zweimal links und gelangen zur **Bühler Mühle** – mit Mühlrad und Stauweiher. Sie gehen geradeaus weiter, kreuzen die Straße *Lauenbach* und gelangen in einem weiten Rechtsbogen über einen bewaldeten Hügelrücken hinweg in das Tal des Simmersbachs. Talabwärts erreichen Sie nach einigen hundert Metern die **Mühle Rösch** (Im Simmersbach), die in einem Nebengebäude des Hofes untergebracht ist.
Wieder im Tal der Acher angelangt, wenden Sie sich nach rechts, steigen am Hang leicht an zum Blustenhof und gelangen auf einem Wirtschaftsweg zu den ersten Häusern von

Zahlreich waren einst die Wassermühlen, mit deren Hilfe gesägt und gemahlen wurde; bei Ottenhöfen sind einige erhalten.

Ottenhöfen und an die nach Allerheiligen führende Straße. Ihr folgen Sie nach links in die Ortsmitte von Ottenhöfen und kehren durch den Kurpark zum Bahnhof zurück.

Informationen zur Tour

Ausgangsort
Ottenhöfen

Anfahrt
PKW: A 5, Karlsruhe – Basel, Ausfahrt Achern; über Achern nach Ottenhöfen; Parkplatz am Bahnhof
Bahn: Zwischen Achern und Ottenhöfen verkehren an manchen Wochenenden historische Dampfzüge

Zielort
Wie Ausgangsort

Unterkunft
- Hotel Pflug, Allerheiligenstr. 1, Tel. 0 78 42/20 58; im Zentrum von Ottenhöfen (mittel)
- Pension Huber, Hübschberg 22, Tel. 0 78 42/33 99; im Ortsteil Hübschberg (preiswert)
- JH Sohlberg, Sohlberg 5, Tel. 0 78 42/26 29; 5 km südlich von Ottenhöfen
- Campingplatz Murhof, Murhof 1, Tel. 0 78 42/16 70; am südlichen Ortsrand von Ottenhöfen

Einkehrmöglichkeiten
In Ottenhöfen Hotel-Restaurant Pflug (kein Ruhetag), in Hagenbruck Gasthof Kreuz (Mi geschl.) und Hotel-Restaurant Sternen (Mo geschl.), in Furschenbach Vesperstube im Schmälzle-Hof (Mo geschl.) und Gasthaus Rebstock (Di geschl.), in Lauenbach Gasthaus Schwarzwaldstube (Mo geschl.)

Öffnungszeiten
- Benz-Mühle täglich geöffnet
- Köninger Mühle und Bühler Mühle Sa 10–11 Uhr jeweils im Wechsel

Auskunft
Tourist Information, Allerheiligenstr. 2, 77883 Ottenhöfen, Tel. 0 78 42/8 04 44

Karte
Atlasco 1:30 000, Blatt 233 (Offenburg, Oberkirch)

Sehenswertes in der Umgebung
Ruine des Klosters Allerheiligen

Der Verkauf von selbstgebranntem Schnaps hat Tradition.

7 Im Lierbachtal

Tourenlänge
23 km

Durchschnittliche Gehzeit
7–8 Std.

Etappen
Oppenau – Gasthaus an der Taube gut 3 km – Schliff 4 km – Wasserfälle 2 km – Allerheiligen 1 km – Braunberg gut 5 km – Rinkenhof 2 km – Hochebene knapp 3 km – Oppenau (Kirche) 3 km

Steigung
750 m

Eignung für Kinder
Nur bedingt geeignet (ab 10 Jahren)

Wegcharakter
Ein knapp 10 km langer und, abgesehen von zwei kurzen steilen Abschnitten, insgesamt nicht allzu steiler Anstieg im Lierbachtal; gelegentlich kurze Abschnitte auf Straßen oder asphaltierten Fahrwegen, ansonsten auf Forst- und Waldwegen

Interessantes am Weg
Allerheiligen-Wasserfälle; Klosterruine Allerheiligen

Wegmarkierung
Oppenau – Allerheiligen – Parkplatz St. Ursula: blaue Raute; Rückweg nach Oppenau: Markierungstafeln des Verbindungswegs »10«

Klosterruine Allerheiligen und Wasserfälle

Vom Rathausplatz bei der klassizistischen Pfarrkirche St. Johannes Baptist (1826/27) in Oppenau folgen Sie dem am Talhang ansteigenden *Kapellenweg* und wenden sich oberhalb eines alten Stadttors leicht nach rechts. Am Ortsende steigen Sie wieder ab, passieren, parallel zur Talstraße, die wenigen Häuser von Nordwasser und folgen einem Waldweg, der einige Meter oberhalb der Sohle des sich allmählich verengenden Lierbachtals verläuft. Beim Gasthof an der Taube überqueren Sie die Straße und den Lierbach, steigen entlang des Baches stetig an und passieren drei Gasthäuser, ehe Sie die wenigen Höfe von Schliff erreichen. Kurz darauf kommen Sie an einem großen Gebäude vorbei – einst Hotel, heute Ferienheim – und überqueren nach einer weiteren Viertelstunde die nach Allerheiligen führende Straße. In einer engen Felsschlucht steigen Sie über mit einem Geländer gesicherte Treppenstufen entlang der Allerheiligen-Wasserfälle kurzzeitig steil an und erreichen schließlich die in einem Hochtal gelegene eindrucksvolle Ruine des Klosters Allerheiligen. Vom Kloster, mit dessen Bau im frü-

hen 13. Jh. begonnen wurde und das im späten 13. Jh. bereits ein bedeutender Wallfahrtsort war, blieben nach einem Brand im Jahr 1804 und der Nutzung als »Steinbruch« nur einige Mauern und Fundamente übrig. Die heutigen Gebäude bei der Ruine wurden im 18./19. Jh. errichtet und beherbergen eine Gaststätte sowie ein kleines Informationszentrum. Hinter der Klosterruine führt nach links der »*Allerheiligensteig*« weiter bergauf, kreuzt zweimal die nach Ottenhöfen/Achern führende Straße und endet am **Wanderparkplatz St. Ursula**.

Sie folgen dem in der linken (südöstlichen) Ecke des Parkplatzes beginnenden Forstweg, der den Hundskopf (874 m) umrundet, und gelangen nach zahlreichen Kurven an den Rand einer sich nach rechts am Hang hinunterziehenden Lichtung mit den wenigen Höfen von **Braunberg**. Hier biegen Sie in einer Rechtskurve des Forstwegs links ab, gehen am Rand der Lichtung entlang und halten sich wenig später links. Der Weg führt am Osthang des Ruliskopfes (662 m) entlang, biegt am Südhang rechts um und führt wenig später scharf nach links zum **Rinkenhof**.

Auf einem Sträßchen gehen Sie zwischen den Gebäuden hindurch und biegen gleich darauf rechts ab. Nach 500 m halten Sie sich an einer Wegkreuzung leicht nach links und stoßen auf den **Huttneckhof**. Hier wenden Sie sich nach links – nicht dem Sträßchen folgen! –, biegen nach knapp 1 km rechts ab zum **Gehöft Hochebene** und folgen nach links der kurvenreichen Zufahrt des Gehöfts zu einem Wanderparkplatz oberhalb von Oppenau. Sie wenden sich nach links, verlassen nach wenigen Metern die Straße nach links und halten sich nach ca. 300 m erneut links. Wenig später biegen Sie rechts ab auf den *Promenadenweg*, der in die Ortsmitte von Oppenau führt.

Informationen zur Tour

Ausgangsort

Oppenau im Renchtal

Anfahrt

PKW: A 5, Karlsruhe – Basel, Ausfahrt Appenweier; B 28 über Oberkirch nach Oppenau; Parkplatz an der Kirche
Bahn: Station an der Linie Kehl – Bad Griesbach

Zielort

Wie Ausgangsort

Unterkunft

• Erdrichshof, Schwarzwaldstraße 57, Tel. 0 78 04/97 98-0; im Ortsteil Löcherberg (mittel)
• Gasthof Krone, Hauptstr. 32, Tel. 0 78 04/9 78 90; im Zentrum von Oppenau (mittel – preiswert)
• Gasthaus Hirsch, Straßburger Str. 5, Tel. 0 78 04/7 32; an der Durchgangsstraße in Oppenau (preiswert)

Einkehrmöglichkeiten

In Oppenau mehrere Gasthäuser, u. a. Gasthof Brauerei Bruder mit

Ein steiler Pfad führt an den Allerheiligen-Wasserfällen entlang zum Kloster.

Biergarten; im Lierbachtal Gasthof Blume (Do geschl.), Gasthaus Zur Einkehr (Di geschl.), Gasthof Maierhof (Mi geschl.); Café-Restaurant Klosterhof Allerheiligen (Sommer täglich geöffnet 9.30 – 19 Uhr)

Öffnungszeiten

- Renchtäler Heimatmuseum im Rathaus Oppenau, Mi 14.30 – 17 und Mai – Okt. jeden 1. So im Monat 10 – 12 Uhr
- Klosterruine Allerheiligen, jederzeit frei zugänglich

Auskunft

Städt. Verkehrsamt, Allmendplatz 3, 77728 Oppenau, Tel. 0 78 04/ 194 33

Karte

Atlasco 1:30 000, Blatt 233 (Offenburg, Oberkirch)

Sehenswertes in der Umgebung

In Lautenbach spätgotische Wallfahrtskirche Maria Krönung mit fast vollständig erhaltener Originalausstattung, u. a. Glasmalereien und Flügelaltäre

Variante

Verkürzung der Strecke möglich durch Anfahrt bis Allerheiligen per Bus (Mo – Sa gegen 8.40 Uhr; an Schultagen gegen 12.40 Uhr) oder Wandertaxi (Tel. 0 78 04/7 61)

Wie viele Klöster im Schwarzwald, so wurde auch das Kloster Allerheiligen im 12. Jh. auf einer Rodung in abgelegenem Waldgebiet erbaut.

8 Im Murgtal

Tourenlänge
13,5 km

Durchschnittliche Gehzeit
4 Std.

Etappen
Baiersbronn – Parkplatz Brunnenteich 1,5 km – Klosterreichenbach (Kloster) 4,5 km – Heselbach knapp 2 km – Klosterreichenbach 2 km – Reichenbacher Höfe 2 km – Baiersbronn (Bhf.) 2 km

Steigung
260 m

Eignung für Kinder
Gut geeignet (ab 8 Jahren)

Wegcharakter
Zu Beginn ein längerer Anstieg; ab Klosterreichenbach sanfter Anstieg nach Heselbach, Rückweg entlang der Murg bequem talaufwärts; zu je einem Drittel auf Straßen, Fuß- und Radweg und auf Waldweg

Interessantes am Weg
Klosterkirche in Klosterreichenbach; romanische Dorfkirche in Heselbach

Wegmarkierung
In Baiersbronn: blaue Raute; Parkplatz Brunnenteich – Klosterreichenbach: Markierungstäfelchen »Z 2« (weiße Schrift auf blauem Grund); bis kurz vor Heselbach: blaue Raute; Rückweg entlang der Murg: Markierungstäfelchen »Tour de Murgtal« (Murgtal-Wander-/Radwanderweg)

Von renommiertem Kurort zu romanischen Kirchen

Vom Bahnhof **Baiersbronn** aus überqueren Sie die Durchgangsstraße (*Freudenstädter Straße*), steigen nach rechts in der *Alten Gasse* zur Kirche an und gehen geradeaus in der Straße *An der Staig* weiter bergauf. Die erste links abzweigende Straße (*Panoramaweg*) führt vollends hoch zum kurz vor dem Waldrand gelegenen **Parkplatz Brunnenteich**.
Sie halten sich links entlang dem Waldrand, nach einigen hundert Metern an einer Weggabelung wiederum links und stoßen nach ca. 2 km auf einen querlaufenden Forstweg, auf dem Sie scharf nach links hangabwärts die ersten Häuser von **Klosterreichenbach** erreichen. Auf der Straße nach rechts gelangen Sie hinunter zu der auf der Talsohle verlaufenden Durchgangsstraße (B 462) und wenden sich nach rechts zum ehemaligen, im 11. Jh. gegründeten Kloster, von dem nur noch die **Kirche St. Gregor** erhalten ist mit einschiffigem Langhaus und hochliegenden Fenstern. Reste der Klosteranlage, u. a. das Badhaus, finden sich auf der Westseite.
Kurz nach dem Kloster biegen Sie rechts ab in die *Musbacherstraße*, halten sich nach 50 m

Im Jahr 1082 wurde von Hirsau aus ein Kloster im Murgtal gegründet, das heutige Klosterreichenbach.

links und folgen am Fuß des Talhangs der Straße *Heselbacher Weg*, die, parallel zur B 462, stetig sanft ansteigt. Kurz vor dem etwas erhöht liegenden Dörfchen **Heselbach** kreuzen Sie das Sträßchen *Grundwaldweg* und steigen hoch zu der am Dorfrand stehenden **evangelischen Kirche** (12. Jh.), einst die Waldkapelle des Klosters Reichenbach, mit einem romanischen Relief über dem Südportal.
Auf demselben Weg kehren Sie zurück, wenden sich auf dem *Grundwaldweg* nach rechts und überqueren sowohl die B 462 als auch die Bahnlinie. Nach wenigen Metern folgen Sie nach links einem asphaltierten Fußweg, der zur anderen Talseite hinüberführt, die Murg überquert und in den Murgtal-Wander- und Radwanderweg einmündet. Nach links, talaufwärts, führt dieser Weg auf der Talsohle nach **Klosterreichenbach** und entlang der Murg zu den **Reichenbacher Höfen**, einem Ortsteil von Baiersbronn. Der nach Tonbach führenden Straße folgen Sie 50 m weit nach rechts, biegen links ab in die *Alte Tonbachstraße* und steigen leicht an zu den wenigen Häusern von **Häslen**. Auf der Straße *Häslergasse* erreichen Sie in **Baiers-**

bronn die *Murgtalstraße* (B 462). Sie folgen ihr nach rechts und steigen wenig später nach einem Linksknick der Straße leicht an zum Bahnhof.

Informationen zur Tour

Ausgangsort
Baiersbronn im Murgtal

Anfahrt
PKW: A 5, Karlsruhe – Basel, Ausfahrt Achern; über Ottenhöfen zur Schwarzwaldhochstraße (B 500); rechts ab in Richtung Freudenstadt, nach 1 km links ab nach Baiersbronn; Parkplatz am Bahnhof.
Bahn: Station an der Murgtalbahn

Zielort
Wie Ausgangsort

Unterkunft
• Hotel Bareiss, Gärtenbühlweg 14, Tel. 0 74 42/47-0; im Ortsteil Mitteltal (gehoben)
• Schwarzwaldhotel Rose, Bildstöckleweg 2, Tel. 0 74 42/20 35; im Zentrum von Baiersbronn (mittel)
• Haus Bergwiese, Winterseitenweg 14, Tel. 0 74 42/28 69; am westlichen Ortsrand von Baiersbronn (preiswert)
• Campingplatz in Obertal, Ruhesteinstr. 413, Tel. 0 74 49/2 12

»Backhäusle«, die zu jedem Hof gehörten, werden teils heute noch benutzt, z. B. in Heselbach.

Einkehrmöglichkeiten
Café Talblick in Baiersbronn-Oberdorf mit Terrasse (Mo geschl.); in Klosterreichenbach; in Heselbach Hotel-Restaurant Heselbacher Hof (Mo geschl.); Cafés und Restaurants in Baiersbronn

Öffnungszeiten
• Klosterkirche St. Gregor in Klosterreichenbach frei zugänglich
• Ev. Kirche in Heselbach nicht geöffnet

Auskunft
Kurverwaltung, Rosenplatz 3, 72270 Baiersbronn, Tel. 0 74 42/ 84 14 14

Karte
Atlasco 1:30 000, Blatt 234 (Freudenstadt, Baiersbronn)

9 Von der Schwarzwald-Hochstraße ins Kinzigtal

Tourenlänge
20 km

Durchschnittliche Gehzeit
6 – 7 Std.

Etappen
Freudenstadt (Bhf.) – Marktplatz 1,5 km – Friedrichshöhe gut 1 km – Ödenwald 5,5 km – Schömberg 3 km – Ortsrand Alpirsbach 7,5 km – Kloster 1 km – Bahnhof 0,5 km

Steigung
240 m

Eignung für Kinder
Bedingt geeignet (ab 9 – 10 Jahren)

Wegcharakter
Abgesehen von zwei großen Lichtungen durch Wald; einige längere Anstiege, 5 km langer Abstieg nach Alpirsbach; ca. 5 km auf Straßen, ansonsten auf Forst- und Waldwegen

Interessantes am Weg
In Freudenstadt der von Arkaden umschlossene Marktplatz, Stadtkirche, Heimatmuseum; in Alpirsbach romanische Klosteranlage, Glasbläserei

Wegmarkierung
Ab Freudenstadt (Marktplatz) durchgehend rot-schwarze Raute

Durch »schwarzen« Wald nach Alpirsbach

Vom Bahnhof am Stadtrand von **Freudenstadt** steigen Sie auf der *Bahnhofstraße* an zur *Stuttgarter Straße* (B 28), halten sich links und erreichen den arkadengesäumten **Marktplatz**, mit 220 m x 220 m der größte Deutschlands. Zentrum der Residenzstadt der württembergischen Herzöge sollte der Platz werden, geplant und angelegt um 1600, ebenso wie die evangelische Stadtkirche an der südwestlichen Ecke des Platzes. Sehenswert im Innern: ein romanisches Taufbecken sowie ein hölzernes Lesepult (1140).
Unter Arkaden gehen Sie nach links zur geschäftigen *Loßburger Straße*, folgen ihr nach links und gehen an der belebten Promenadenplatz-Straßenkreuzung rechts weiter in Richtung Kniebis. Nach 200 m biegen Sie links ab in die *Hartranftstraße*, halten sich an einer Straßengabelung rechts und passieren auf der *Herzog-Friedrich-Straße* die **Friedrichshöhe** (Aussichtsturm). Wenig später erreichen Sie den Waldrand und folgen geradeaus einem Forstweg (*Lauterweg*). An einer Wegkreuzung passieren Sie die Sauteichhütte, steigen zum Masselkopf (812 m) hoch und kommen wenig später an

der Alfred-Hummel-Hütte vorbei. Sie überqueren eine weitere Wegkreuzung und stoßen nach 1 km auf einen Forstweg, dem Sie nach rechts zu einer Lichtung mit dem Weiler Ödenwald folgen. Am Rand der Lichtung wenden Sie sich nach links und passieren wenig später auf der Straße Loßburg – Schömberg das Hotel Adrionshof und die wenigen Häuser von **Ödenwald**. An der Einmündung dieser Straße in die Straße Freudenstadt – Schömberg überqueren Sie diese und gelangen auf dem *Teichelweg* zu einer ausgedehnten Lichtung, in deren Zentrum das Dorf **Schömberg** liegt. Am Rand der Lichtung halten Sie sich rechts, folgen kurz darauf einem Sträßchen nach links zum Ortsbeginn von Schömberg und der Hauptstraße durch den Ort zum Ortsende, wo Sie links abbiegen, an den Höfen von **Altenburg** vorbeigehen und die Lichtung wieder verlassen. Nach 500 m im Wald zweigt der Ostweg links ab, führt an den Hangkanten zweier Seitentäler der Kinzig entlang und, vorbei an der Oberen Kapfhütte, schließlich steiler bergab zum Ortsrand von **Alpirsbach**. Nach rechts gehen Sie auf der *Burghaldenstraße* in das Ortszentrum hinunter und gelangen in der *Spitalgasse* nach links zum ehemaligen **Benediktinerkloster**. Beeindruckend ist die romanische Klosterkirche St. Nikolaus (um 1130) mit den wuchtigen Säulen. Zugang zu den Klostergebäuden und dem Kreuzgang ist möglich durch das Infozentrum, in dem auch eine Ausstellung zur Geschichte des Klosters eingerichtet ist.
Vom Kloster gehen Sie nach links zur Durchgangsstraße (B 294), folgen ihr nach rechts und erreichen auf der rechts abzweigenden *Bahnhofstraße* den Bahnhof.
Mit der Bahn kehren Sie nach Freudenstadt zurück.

Um das Kloster herum entwickelte sich die Stadt Alpirsbach.

Arkaden säumen den weitläufigen Marktplatz in Freudenstadt, einer um 1600 geplant angelegten Stadt.

Informationen zur Tour

Ausgangsort

Freudenstadt

Anfahrt

PKW: A 81, Stuttgart – Singen, Ausfahrt Horb; über Horb nach Dornstetten, B 28 nach Freudenstadt; Parkplatz am Bahnhof
Bahn: Station an der Linie Hausach – Freudenstadt; mehrmals täglich

Zielort

Alpirsbach

Rückfahrt

Ab Bahnhof Alpirsbach per Zug mehrmals täglich, letzte Abfahrt Mo – Fr gegen 21, Sa gegen 20 und So gegen 19.30 Uhr; oder mit dem Freizeitbus Sa/So alle 2 Std.

Unterkunft

- Hotel/Kurhaus Palmenwald, Lauterbadstr. 56, Tel. 0 74 41/80 70; am südlichen Stadtrand (gehoben)
- Luz Posthotel, Stuttgarter Str. 5, Tel. 0 74 41/89 70; im Zentrum von Freudenstadt (mittel)
- Pension Andl, Schwarzwaldstr. 140, Tel. 0 74 41/24 64; im Ortsteil Lauterbad (preiswert)
- JH, Eugen-Nägele-Str. 69, Tel. 0 74 41/77 20; im nordöstlichen Teil der Stadt
- Campingplatz Langenwald, Tel. 0 74 41/28 62; an B 28 in Richtung Kniebis

Einkehrmöglichkeiten

In Freudenstadt zahlreiche Lokale; in Ödenwald Hotel-Restaurant Adrionshof; in Alpirsbach Cafés und Gasthöfe, u. a. Brauereigasthof Löwen

Öffnungszeiten

- Heimatmuseum Freudenstadt im Stadthaus (Marktplatz), volkskundliche Abteilung So 10–12, stadtgeschichtliche Abteilung Mo/Fr 15–18, Di/Mi 9–11 und 15–18, Do 9–11 und 15–19.30 Uhr
- Stadtkirche in Freudenstadt, 10–17 Uhr
- Kloster Alpirsbach, Infozentrum 15.3.–1.11. Mo–Sa 9.30–17.30, So 11–17.30 Uhr; Kreuzgang-Führungen Mo–Sa um 10/11/14/15/16, So 14/15/16 Uhr; 2.11.–14.3. Do/Sa 13.30–15; Kirche 9–16.30 Uhr
- Museum für Stadtgeschichte in Alpirsbach (Haus des Gastes), April–Okt. Do/Sa/So 14–18 Uhr
- Alpirsbacher Glasbläserei, Mo–Fr 9–17, Sa 10–16, So 11–15 Uhr

Auskunft

Touristik-Information, Am Promenadenplatz 1, 72250 Freudenstadt, Tel. 0 74 41/8 64-7 30

Karte

Atlasco 1:25 000, Blatt 274 (Bad Rippoldsau, Schapbach)

Sehenswertes in der Umgebung

Fachwerkstädtchen Dornstetten mit Volkskunde- und Spielzeugmuseum

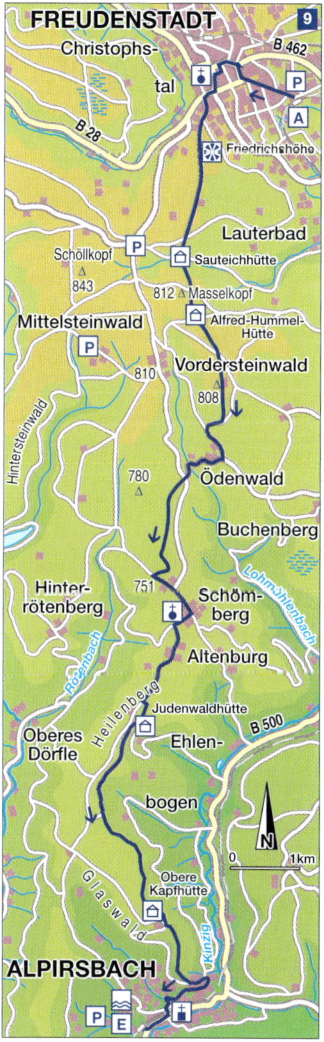

10 Im vorderen Kinzigtal

Tourenlänge
16,5 km

Durchschnittliche Gehzeit
4 ½ – 5 Std.

Etappen
Offenburg (Bhf.) – Ortsrand Ortenberg 4,5 km – Schloß Ortenberg 1,5 km – Ohlsbach (Ortsmitte) knapp 3,5 km – Reichenbach 2,5 km – Ortszentrum Gengenbach 4 km – Bahnhof 0,5 km

Steigung
310 m

Eignung für Kinder
Gut geeignet (ab 8 Jahren)

Wegcharakter
Zu Beginn bequem im Tal der Kinzig, anschließend zahlreiche kurze Anstiege; überwiegend auf asphaltierten Wirtschaftswegen und zumeist ruhigen Straßen, ansonsten auf Feld- und Waldwegen

Interessantes am Weg
Im Stadtzentrum Offenburg historische Gebäude mit Barockfassaden; Schloß Ortenberg; malerische Altstadt von Gengenbach mit Teilen der Stadtbefestigung, Flößermuseum und Narrenmuseum

Wegmarkierung
Stadtrand Offenburg – Ortenberg: Markierung des Kinzigtal-Radwegs; ab Weinberg oberhalb von Schloß Ortenberg – Gengenbach: rote Rebe auf weißem Grund

Auf Weinpfaden zur Fachwerkstadt Gengenbach

Vom Bahnhof in **Offenburg** gehen Sie auf der *Hauptstraße* geradeaus durch die Altstadt (Fußgängerzone), vorbei am **Fischmarkt**, einem hübschen Platz mit Hirschapotheke (1698), St.-Andreas-Kirche (1701) und Löwenbrunnen, am barocken **Rathaus**, am Salzhaus (1786), das dem Rathaus gegenüber steht, am Hotel Sonne, einem der ältesten Hotels Deutschlands, und am »Königshof« (1714–17), früher Verwaltungsgebäude, heute Polizei. Sie erreichen den Rand der Altstadt und überqueren leicht nach rechts auf der Johannisbrücke den Mühlbach. Nach 100 m folgen Sie der links abzweigenden *Badstraße*, gehen durch die Unterführung einer Bahnlinie und gelangen an den Stadtrand.
Unmittelbar vor einer Umgehungsstraße verlassen Sie die *Badstraße* nach links und folgen einem Rad- und Fußweg entlang des Mühlbachs einige hundert Meter weit zu einer Wegkreuzung, wo Sie den Kanal überqueren. Vorbei an einer einzeln stehenden Gaststätte und über die Bahnlinie Offenburg – Hausach gelangen Sie nach **Ortenberg**. Auf der Hauptstraße halten Sie sich rechts, biegen am Gasthaus

Krone links ab in die Straße *Burgweg* und steigen in Kehren hoch zum **Schloß Ortenberg**, im Mittelalter eine das Kinzigtal beherrschende Burg, seit dem 19. Jh. ein im neugotischen Stil erbautes Schloß, in dem heute eine Jugendherberge eingerichtet ist. Vor dem Schloßtor folgen Sie nach links einem Weinbergweg weiter hangaufwärts und stoßen auf den querlaufenden »Weinpfad«, auf dem Sie nach rechts in den Weiler **Büchen** gelangen. Sie wenden sich scharf nach rechts und steigen zu den wenigen Häusern von **Ebersweier** hinunter. Kurz darauf erreichen Sie **Ohlsbach** und gehen auf Straßen bzw. einem Fußweg durch den Ort hindurch.

Am Waldrand biegen Sie rechts ab, folgen der Markierung entlang des Waldrands in das Tal des Reichenbachs hinein und hinunter in das Straßendorf **Reichenbach**. Nach Überqueren der Talstraße und des Baches steigen Sie in der *Steingasse* an, passieren ein Sportgelände und wenden sich auf Höhe eines Festplatzes nach rechts auf die Straße *Vogelsang*. Sie kommen an den wenigen Häusern von **Binzmatte** vorbei, halten sich nach wenigen Minuten an einer Straßengabelung links und folgen der *Nollenstraße* nach **Gengenbach**.

Zunächst knickt die Straße rechts, dann links ab und mündet in die *Oberdorfstraße* ein, auf der Sie nach rechts durch das **Obertor** in den historischen Kern der ehemaligen freien Reichsstadt gelangen. Nach rechts bringt Sie ein kurzer Abstecher zum Schwedenturm, einem der Türme der mittelalterlichen Stadtbefestigung, und zur **Engel- und Höllengasse** mit blumengeschmückten Fachwerkhäusern. Um den malerischen **Marktplatz** mit Stadtbrunnen gruppieren sich weitere Fachwerkhäuser, das klassizistische Rathaus sowie die **Kirche St. Marien**, eine bedeutende romanische Kirche, die im frühen 12. Jh. zu einem Benediktinerkloster gehörte, in der Gotik und im Barock verän-

Schloß Ortenberg, ein neugotischer Wiederaufbau der mittelalterlichen Burg.

dert, aber im 19. Jh. weitgehend wieder in ihren ursprünglichen Zustand zurückversetzt wurde. Am Rathaus folgen Sie nach rechts der *Hauptstraße*, passieren den Niggelturm, biegen am Postamt links ab und erreichen den Bahnhof.
Mit der Bahn kehren Sie nach Offenburg zurück.

Informationen zur Tour

Ausgangsort
Offenburg

Anfahrt
PKW: A 5, Karlsruhe – Basel, Ausfahrt Offenburg; auf der B 33 in die Stadt; Parkplatz am Bahnhof
Bahn: Station an der Rheintal-Linie und Schwarzwaldbahn

Zielort
Gengenbach

Rückfahrt
Mit der Schwarzwaldbahn von Gengenbach nach Offenburg; am Nachmittag ca. alle 50 – 60 Min.; letzte Abfahrt gegen 21 Uhr

Unterkunft
• Hotel Sonne, Hauptstr. 94, Tel. 07 81/7 10 39; im Zentrum von Offenburg (gehoben)
• Gasthof Zauberflöte, Lindenplatz 12, Tel. 07 81/2 48 13; am östlichen Rand der Altstadt (mittel)
• JH Schloß Ortenberg, Tel. 07 81/3 17 49; an der Wanderstrecke bei Ortenberg

Einkehrmöglichkeiten
Mehrere Lokale in Offenburg und Ortenberg; in Ohlsbach Hotel Rebstock und Gasthof Krone (an der Hauptstraße); in Reichenbach Gasthof Rössle mit Terrasse (kurzer Abstecher, Do geschl.); in Gengenbach Cafés und Restaurants, u. a. Steinkellerhaus mit Innenhof

Öffnungszeiten
• Narrenmuseum im Niggelturm in Gengenbach, 1. 4. – 31. 10.
Sa 14.30 – 17.30, So 10 – 12 und 14.30 – 17.30 Uhr
• Flößermuseum in Gengenbach (in ehem. Bahnwärterhaus), 1. 4. – 31. 10.
Sa 14 – 17, So 10 – 12 und 14 – 17 Uhr

Auskunft
Verkehrsamt, Gärtnerstr. 6, 77614 Offenburg, Tel. 07 81/8 22 53

Karte
Atlasco 1:30 000, Blatt 233 (Offenburg/Oberkirch) und Blatt 235 (Lahr/Haslach)

Sehenswertes in der Umgebung
Burg Staufenberg, restaurierte Burg inmitten von Weinbergen bei Durbach; Weingut mit Weinstube

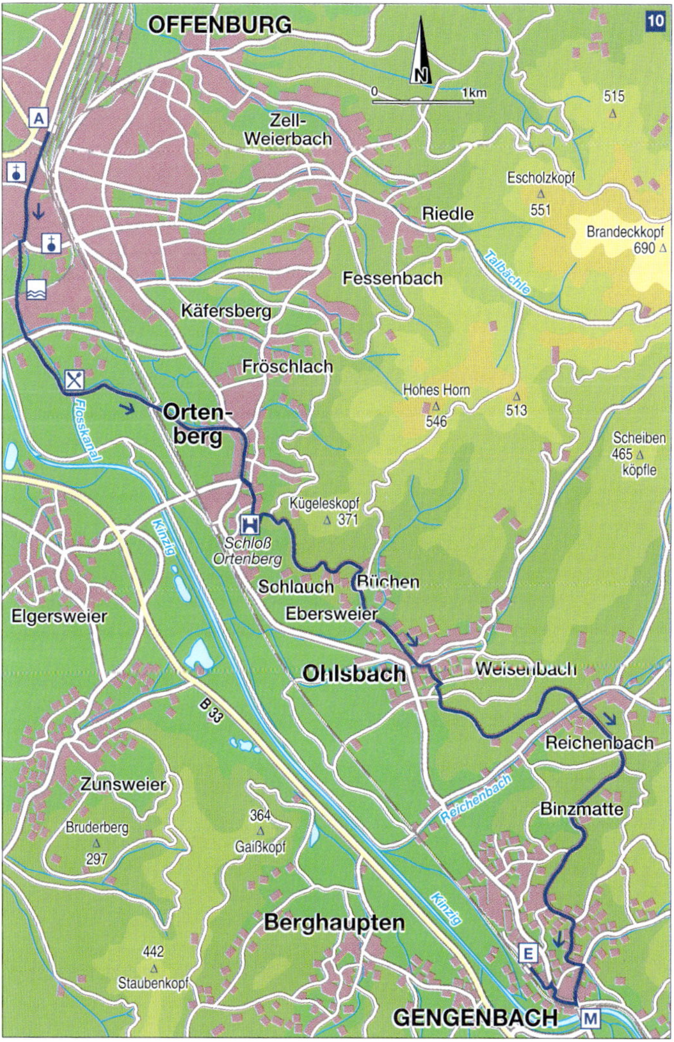
10
OFFENBURG
N
0
1km
515
Zell-
Weierbach
Escholzkopf
551
Riedle
Brandeckkopf
690
Talbächle
Fessenbach
Käfersberg
Fröschlach
Hohes Horn
546
513
Orten-
berg
Flosskanal
Scheiben
465
köpfle
Kügeleskopf
371
Kinzig
Schloß
Ortenberg
Schlauch
Büchen
Elgersweier
Ebersweier
Ohlsbach
Weisenbach
B 33
Reichenbach
Zunsweier
Reichenbach
Binzmatte
Bruderberg
297
364
Gaißkopf
Kinzig
Berghaupten
442
Staubenkopf
GENGENBACH

11 Zwischen Kinzig- und Schuttertal

Tourenlänge
12,5 km

Durchschnittliche Gehzeit
4 Std.

Etappen
Reichenbach – Golfplatz 2,5 km – Bruckerhof 1,5 km – Geroldseck 3 km – Burgruine Hohengeroldseck 0,5 km – Eichberg gut 3 km – Reichenbach 2 km

Steigung
510 m

Eignung für Kinder
Gut geeignet (ab 8 Jahren)

Wegcharakter
Zu Beginn ein 2 km langer Anstieg, anschließend bis Hohengeroldseck ein 5 km langer, teils steiler Anstieg; gesamter Rückweg bequem bergab; insgesamt ca. 4 km auf ruhigen Sträßchen bzw. asphaltierten Fahrwegen, ansonsten auf Forst- und Waldwegen

Interessantes am Weg
Burgruine Hohengeroldseck

Wegmarkierung
Reichenbach – Geroldseck: roter Balken, Rückweg über Eichberg: blauer Balken

Zur Burgruine Hohengeroldseck

Vom Parkplatz am Friedhof von **Reichenbach** steigen Sie auf dem *Kapellenweg* am Westhang des Eichbergs (469 m) an, halten sich bei einer Kapelle am Waldrand geradeaus und folgen dem weiterhin ansteigenden Weg durch Wald zum Nordhang, an dem Sie in ein enges Tal absteigen. Auf dem Talsträßchen halten Sie sich links und steigen gleich darauf am Rand eines Golfplatzes nach rechts an. Im Wald wenden Sie sich nach rechts und erreichen den **Bruckerhof** (Gaststätte). Auf dem Talsträßchen steigen Sie in den Talschluß hoch. Vor einer Linkskehre des Sträßchen biegen Sie rechts ab auf einen Waldweg, der in mehreren Kurven zu einer großen Lichtung ansteigt, und wenden sich auf einem asphaltierten Fahrweg nach rechts. Bei den wenigen Häusern von **Geroldseck** halten Sie sich an einer Kreuzung geradeaus und steigen steil an, vorbei an einer Gaststätte, zur beeindruckenden **Burgruine Hohengeroldseck** (524 m; Rundblick). Zwei Mauerringe sicherten die Höhenburg, im 13. Jh. erbaut von den Herren von Geroldseck, die durch den Abbau von Silber im Kinzigtal reich ge-

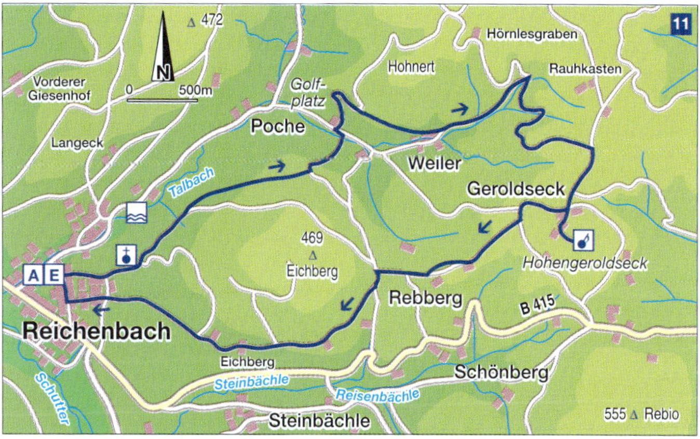

worden waren. In der Oberburg, dem eigentlichen Herrensitz, befanden sich Wirtschaftsgebäude, zwei turmartige Palasbauten sowie ein sehr tiefer Brunnen. Nach Süden wurde die Anlage durch eine mehrere Meter hohe Mauer geschützt, die einen Bergfried überflüssig machte.

Auf demselben Weg kehren Sie zu der Kreuzung bei Geroldseck zurück und wenden sich nach links bergab. Nach wenigen hundert Metern verlassen Sie den in das breite Tal des Steinbächle hinunterführenden Fahrweg nach rechts, stoßen wenig später wieder auf einen Fahrweg und folgen ihm zu einer Wegkreuzung am Fuß des Eichbergs. Sie wenden sich nach links, halten sich kurz darauf am Rand einer Lichtung an einer Weggabelung rechts und steigen zum Waldrand ab. Entlang des Waldrands, anschließend zwischen Wiesen und Viehweiden erreichen Sie das Gehöft

Die Burg Hohengeroldseck bewachte die alte Paßstraße zwischen Schutter- und Kinzigtal.

Eichberg und folgen nun, parallel zu der auf dem Talgrund verlaufenden Durchgangsstraße (B 415), einem asphaltierten Fahrweg bequem hangabwärts nach Reichenbach. In der *Burgstraße* kehren Sie durch ein Wohngebiet zu Ihrem Ausgangspunkt zurück.

Informationen zur Tour

Ausgangsort

Reichenbach, Stadtteil von Lahr

Anfahrt

PKW: A 5, Karlsruhe – Basel, Ausfahrt Lahr; B 415 in Richtung Biberach nach Reichenbach; links abbiegen (Ausschilderung: Golfplatz) in die Gereutertalstraße, an Kirche nach rechts und vorbei am Informationsbüro zu Parkplatz am Friedhof
Bahn: Lahr ist Station an der Linie Freiburg – Offenburg; Verbindung mehrmals täglich; Stadtbus vom Bhf. in Richtung Schweighausen mehrmals täglich; Haltestelle Reichenbach-Krone

Zielort

Wie Ausgangsort

Unterkunft

• Hotel Adler, Reichenbacher Hauptstr. 18, Tel. 078 21/70 35; an Durchgangsstr. in Reichenbach (gehoben)
• Gasthaus Linde, Gereutertalstr. 24, Tel. 078 21/7195; in Reichenbach an der Anfahrt zum Ausgangspunkt (mittel)
• Privatzimmer, u. a. Fam. Bühler, Panoramaweg 2, Tel. 078 21/78 68; in Reichenbach (preiswert)
• Campingplatz »Ferienparadies Schwarzwälder Hof«, Omersbach 2, Tel. 078 23/2777; im Stadtteil Seelbach südlich von Reichenbach

Einkehrmöglichkeiten

In Reichenbach mehrere Gasthäuser, u. a. Hotel-Restaurant Adler für Feinschmecker oder Gasthaus Linde mit Biergarten; Gasthaus Bruckerhof in Weiler (Do/Fr bis 17 Uhr geschl.); Burggaststätte Hohengeroldseck (Mi geschl.)

Öffnungszeiten

Burgruine Geroldseck jederzeit frei zugänglich

Auskunft

Ortsverwaltung Reichenbach, Burgstraße 8a, 77933 Lahr, Tel. 078 21/72 22

Karte

Atlasco 1 : 30 000, Blatt 235 (Lahr/Haslach)

Sehenswertes in der Umgebung

In Reichenbach historische Hammerschmiede (Schindelstr. 8/1); Mi/Sa 14–17, So 11–12 Uhr

12 Im Wolftal

Tourenlänge
18,5 km

Durchschnittliche Gehzeit
5 1/2 – 6 1/2 Std.

Etappen
Schapbach – Holdersbach gut 3 km – Kohlplatz 4 km – Wallfahrtskirche St. Roman knapp 2 km – Kohlplatz knapp 2 km – Wolftal 4,5 km – Schapbach 3 km

Steigung
440 m

Eignung für Kinder
Gut geeignet (ab 10 Jahren)

Wegcharakter
Langer, streckenweise steiler Anstieg zum Kohlplatz, bergab nach St. Roman und nochmals kurzer, steiler Anstieg zur Kirche; vom Kohlplatz ein zunächst steiler, dann entlang des Tiefenbachs bequemer Abstieg in das Wolftal und entlang des Flüßchens bequem talaufwärts nach Schapbach; insgesamt ca. 5 km auf ruhigen Sträßchen, ansonsten auf Forst- und Waldwegen

Interessantes am Weg
Wallfahrtskirche St. Roman

Wegmarkierung
Schapbach – Kohlplatz: blaue Raute und Markierung des Hansjakobwegs (Schwarzer Schlapphut auf weißem Grund); bis St. Roman: Hansjakobweg; Kohlplatz – Untertal: Markierungstäfelchen »S 5«, im Wolftal »K 2«

Zum Wallfahrtskirchlein St. Roman

Vom Parkplatz an der Festhalle von Schapbach gehen Sie zur Kirche, wenden sich nach rechts und verlassen auf einem ansteigenden Sträßchen den Ort. An einer Gabelung halten Sie sich rechts, am Ende der Straße erneut rechts und erreichen entlang dem Rand einer Lichtung den Bächhof. Nach rechts führt ein Waldweg am Hang entlang zum Bürlehof. Erneut nach rechts gelangen Sie kurze Zeit später an ein Sträßchen, dem Sie wenige Meter nach rechts folgen, dann einem links abzweigenden Sträßchen zum Gebelehof. Nach 150 m biegen Sie rechts ab, halten sich am Rand einer Lichtung an einer Wegkreuzung links und steigen recht steil an zu dem Sträßchen, das Sie am Gebelehof verlassen haben. Diesem Sträßchen folgen Sie durch Wald stetig bergauf zum Kohlplatz, einer Lichtung in einem Sattel, und in einem Wiesental bergab zu den wenigen Höfen und Wohnhäusern von St. Roman. Hier wenden Sie sich an einer Straßenkreuzung nach links und erreichen nach einem kurzen, steilen Anstieg die in Aussichtslage stehende Wallfahrtskirche St. Roman, die wohl bereits seit dem 11. Jh. existiert, aber um

Pilgerziel seit dem 11. Jh.: die in einem Bergdorf gelegene Wallfahrtskirche St. Roman.

1785 vergrößert und 1922 zu einer Pfarrkirche umgebaut wurde. Aus gotischer Zeit stammen das Sakramentshäuschen (1481) sowie das Kreuzrippengewölbe. Einer der Schlußsteine (15. Jh.) zeigt den Patron St. Romanus als Soldaten in Rüstung und mit Schild und Schwert. Dem Heiligen wird nachgesagt, daß er bei der Suche nach einem Ehemann behilflich ist, weshalb am 9. August, seinem Gedenktag, besonders viele Heiratswillige hierher pilgerten.
Sie kehren zur Kreuzung zurück, halten sich links und biegen gleich darauf rechts ab auf einen Wiesenweg, der nach rechts am Hang des Wiesentals ansteigt und kurz vor dem Kohlplatz wieder in das Sträßchen einmündet, das St. Roman mit dem Kohlplatz verbindet. Sie folgen dem Sträßchen über den Sattel und biegen nach wenigen Metern an einem Gehöft links ab. Recht steil bergab gelangen Sie in das enge, bewaldete Tal des Tiefenbachs hinunter. Entlang des Baches steigen Sie stetig ab, passieren, nun auf einem Sträßchen, die einzeln stehenden Höfe von Tiefenbach und erreichen das Wolftal.
Unmittelbar vor dem Flüßchen wenden Sie sich nach rechts, passieren talaufwärts die auf der anderen Talseite einzeln stehenden Gehöfte von Untertal – auf den folgenden 2 km ermöglichen mehrere Brücken den Zugang zu Gaststätten – und erreichen Schapbach. Vorbei an einem Sportplatz und nach rechts kehren Sie zu Ihrem Ausgangspunkt zurück.

Informationen zur Tour

Start **Ausgangsort**
Schapbach

Anfahrt

PKW: A 5, Karlsruhe – Basel, Ausfahrt Offenburg; B 33 bis Hausach und B 294 bis Wolfach; links abbiegen in Richtung Freudenstadt; Parkplatz in Schapbach rechts der Kirche an der Festhalle

Bus: Verbindung vom Bhf. Freudenstadt (Mo – Fr 4x, Sa/So häufiger) und Wolfach (Mo – Fr 6 –7x, Sa/So weniger); Haltestelle Schapbach-Post

Zielort

Wie Ausgangsort

Unterkunft

- Hotel Zum Kranz, Tel. 0 74 40/7 25; im Zentrum von Bad Rippoldsau (gehoben)
- Landgasthof Sonne, Tel. 0 78 39/2 22; im Zentrum von Schapbach (mittel)
- Gasthof Grüner Baum, Wildschapbachstr. 15, Tel. 0 78 39/2 18; im Ortsteil Wildschapbach (preiswert)
- Campingplatz Alisehof, Tel. 0 78 39/2 03; am nördlichen Ortsrand von Schapbach

Einkehrmöglichkeiten

In St. Roman Hotel-Restaurant Adler (Mo geschl.); im Wolftal Gasthof Rössle mit überdachtem Freisitz (Mo geschl.), Ochsenwirtshaus mit Terrasse (Do geschl.) und Gasthaus Tanne (Mi geschl.) – jeweils kurzer Abstecher über die Wolf; in Schapbach Hotel-Restaurant Sonne (Mo geschl.)

Öffnungszeiten

- Wallfahrtskirche St. Roman jederzeit geöffnet

Auskunft

Tourist-Information, Kurhausstr. 2, 77776 Bad Rippoldsau-Schapbach, Tel. 0 74 40/7 22

Karte

Atlasco 1 : 30 000, Blatt 236 (Alpirsbach/Bad Rippoldsau)

13 Im Kinzigtal abwärts

Tourenlänge
15,5 km

Durchschnittliche Gehzeit
4 ½ Std.

Etappen
Schenkenzell – Schiltach 4 km – Vor Leubach 2 km – Halbmeil gut 4 km – Schiltersbach 3 km – Wolfach (Ortsmitte) gut 2 km – Bahnhof 0,5 km

Steigung
120 m

Eignung für Kinder
Gut geeignet (ab 8 Jahren)

Wegcharakter
Entlang der Kinzig bequem talabwärts, nur wenige kurze Anstiege; je zur Hälfte auf Straßen bzw. asphaltierten Fahrwegen und Forst- bzw. Waldwegen

Interessantes am Weg
Burgruine Schenkenzell; historische Altstadt von Schiltach mit Fachwerkhäusern, Schüttesägemuseum und Stadtmuseum; historische Altstadt von Wolfach und Heimatmuseum im Schloß

Wegmarkierung
Durchgehend Markierungstäfelchen des Flößerwegs (weißer Flößer auf blauem Grund)

Auf den Spuren der Flößer

Vom Bahnhof in Schenkenzell überqueren Sie die Durchgangsstraße (B 294) und folgen einer parallel zur B 294 verlaufenden Straße nach links, talabwärts. Unmittelbar vor einer Bahnunterführung wenden Sie sich nach rechts, gelangen entlang der Bahnlinie Hausach – Freudenstadt an den Fuß einer niederen Erhebung mit der Burgruine Schenkenzell und nach rechts entlang dem Fuß des Talhangs nach Schiltach. Sie überqueren sowohl die Bahnlinie und die Kinzig als auch die Durchgangsstraße und befinden sich schon nach wenigen Metern im historischen Ortskern von Schiltach mit dem malerischen Marktplatz und den prächtigen Fachwerkhäusern.
Vom Rathaus, einem Renaissancebau mit Fassadenmalerei, gehen Sie bergab, nach links durch die *Spitalstraße* und auf einer Fußgängerbrücke über die Schiltach. Ihr folgen sie nach rechts, kreuzen die Durchgangsstraße und erreichen durch die *Gerbergasse* das Schüttesägemuseum, eingerichtet in einem alten Sägewerk; eine Ausstellung informiert über Holzverarbeitung und Flößerei.
Entlang der Kinzig kommen Sie zur Bahnhofsbrücke, wechseln

Stattlich sind die Fachwerkhäuser im Städtchen Schiltach, das einst durch Holzhandel und Flößerei Wohlstand erlangte.

auf die andere Flußseite hinüber und gelangen zu Einmündung des Heubachtals, wo Sie einer Straße nach rechts folgen, wenig später aber wieder links abbiegen. Nur wenige Meter oberhalb der Talsohle verläuft ein Fahrweg, führt an den wenigen Häusern von Vor Leubach vorbei und geht oberhalb von Vor Eulersbach in einen Waldweg über. Hangabwärts gelangen Sie an die Einmündung des Tals des Sulzbächle, kreuzen die nach St. Roman führende Straße und überqueren vor einem Tunnel die Bahnlinie. Das Sträßchen führt wieder nach rechts an den Hang, wo Sie am oberhalb von Schmelze gelegenen Löchlehof links abbiegen und auf einem Wiesenweg zur Kinzig hinuntersteigen.

Nach ca. 1 km überqueren Sie die Durchgangsstraße, die Kinzig und, am Ortsbeginn von Halbmeil, die Bahnlinie. Entlang der Gleise gehen Sie durch den Ort, überqueren die Gleise zunächst nach rechts, kurz darauf nach links, und folgen einem Fahrweg entlang der Bahnlinie. Nach 1 km wechseln Sie auf die andere Seite der Bahnlinie hinüber und passieren entlang der Kinzig die kleine, zu Schiltersbach gehörende Siedlung Schmelzegrün. Auf einem Damm

entlang der Kinzig gelangen Sie schließlich zu den ersten Häusern von **Wolfach** und wenden sich an der Kinzigbrücke nach links.

Auf der breiten Hauptstraße gehen Sie durch die historische Altstadt, passieren das **Fürstenberger Schloß** (17. Jh.), das den Obervögten des Landgrafen von Fürstenberg als Sitz diente – heute Heimatmuseum –, und verlassen durch ein ehemaliges Stadttor die Altstadt wieder. Geradeaus erreichen Sie wenig später den Bahnhof und kehren mit der Bahn nach Schenkenzell zurück.

Informationen zur Tour

Ausgangsort

Schenkenzell

Anfahrt

PKW: A 81, Stuttgart – Singen, Ausfahrt Oberndorf a. N.; über Oberndorf nach Alpirsbach und talabwärts nach Schenkenzell; Parkplatz am Bahnhof

Bahn: Station an der Linie Hausach – Freudenstadt

Zielort

Wolfach

Rückfahrt

Mit dem Zug von Wolfach nach Schenkenzell, mehrmals täglich; am späten Nachmittag ca. alle 70 Min.; Sa reduziert; Auskunft Bhf. Offenburg 0781/19419

Unterkunft

• Hotel Sonne, Reinerzaustr. 13, Tel. 078 36/10 41; im Zentrum von Schenkenzell (mittel – gehoben)

• Hotel Waldblick, Schulstr. 12, Tel. 078 36/9 39 60; im Zentrum von Schenkenzell (mittel)

• Mehrere Gästehäuser, u. a. Fam. Müller, Am Mühlteich 1, Tel. 078 36/23 21; nordwestlich vom Bahnhof Schenkenzell (preiswert)

• Campingplatz Schiltach, Bahnhofstr. 6, Tel. 078 36/72 89; am westlichen Ortsrand von Schiltach

Einkehrmöglichkeiten

Mehrere Gasthöfe in Schenkenzell; Gasthof/Pizzeria Schenkenburg (kein Ruhetag); in Schiltach u. a. Gasthof Sonne (Do geschl.) am Marktplatz; in Halbmeil Gasthof Engel; in Wolfach Cafés und Gasthäuser, u. a. Gasthof Hecht in altem Fachwerkhaus (Mo geschl.)

Öffnungszeiten

In Schiltach:

• Schüttesägemuseum, Hauptstr. 1 (informiert über Holz, Waldwirtschaft und Flößerei); Fr 15 Uhr Vorführung der Maschinen

• Museum am Markt, Marktplatz 1 (Stadtmuseum); beide Museen 1. 4.–31.10. Di–So 10–12 und 14–16 Uhr; Eintritt frei

• Apothekenmuseum, Marktplatz 6 (Apotheke aus dem Jahr 1837); April–Okt. Di–Fr und So 10–12 und 14.30–16.30, Sa 14–16; Nov.–März So 14.30–16.30 Uhr

In Wolfach:

• Flößer- und Heimatmuseum im Fürstenbergischen Schloß; Mai–Sept. Di/Do/Sa 14–17, So 10–12 und 14–17 Uhr, Okt.–April nur Do 14–17 und jeden 1. So im Monat 14–17 Uhr

Auskunft

Kurverwaltung, Haus des Gastes, 77773 Schenkenzell, Tel. 078 36/ 93 97 51

Durch Handel und Flößerei auf der Kinzig entwickelte sich Wolfach zu einem bedeutenden Marktort.

Karte

Atlasco 1 : 30 000, Blatt 236 (Alpirsbach/Bad Rippoldsau)

Sehenswertes in der Umgebung

Glasbläserei Dorotheenhütte in Wolfach

14 Vom Kinzigtal ins Gutachtal

Tourenlänge
18 km

Durchschnittliche Gehzeit
5 ½ – 6 Std.

Etappen
Hausach – Am Turm knapp 2 km – Ausgang des Kirnbachtals 2 km – Obere Ecke 3,5 km – Gutach 3,5 km – Vogtsbauernhof 4 km – Hausach (Parkplatz) 3 km

Steigung
420 m

Eignung für Kinder
Gut geeignet (ab 10 Jahren)

Wegcharakter
An den Talhängen von Kinzig und Kirnbach entlang und streckenweise steiler Anstieg aus dem Kirnbachtal, im Gutachtal bequem talabwärts; insgesamt ca. 6 km auf Straßen und Fahrwegen, ansonsten auf Forst- und Waldwegen

Interessantes am Weg
Schwarzwaldhöfe und Freilichtmuseum Vogtsbauernhof im Gutachtal

Wegmarkierung
Hausach – Am Turm: roter Kreis; anschließend im Kinzig- und Kirnbachtal und über Gutach bis Am Turm: u.a. Markierungstäfelchen des Rundwegs »1« in rotem Kreis

Zum Freilichtmuseum Vogtsbauernhof

In **Hausach** gehen Sie von der Inselstraße zur Kirche an der B 294/B 33, folgen ihr nach links, vorbei am Bahnhof, und biegen wenig später rechts ab auf eine Brücke über die Bahngleise. Auf der *Wilhelm-Zangen-Straße* halten Sie sich links, bei den ersten Häusern der Siedlung **Am Turm** erneut links in die Straße *Im Grün* und nach rechts zur Gutach.
Sie überqueren die Gutach und die B 33, steigen auf einigen Treppenstufen am Hang hoch und folgen einem Waldweg in stetem Auf und Ab am bewaldeten Hang des Kinzigtals. Nach 2 km schwenkt der Weg nach rechts in das Kirnbachtal. Zunächst gehen Sie am Hang in mehreren Kurven und Kehren leicht auf und ab, steigen dann hoch in den Sattel Untere Ecke und gelangen in den Sattel Obere Ecke. Auf der Scheitelhöhe des Bergrückens, der sich zwischen dem Gutach- und dem Kirnbachtal erstreckt, steigen Sie weiter an und halten sich nach 1 km rechts. Der Weg führt steil bergab zum Gutachtal, knickt an einer Schutzhütte links ab und mündet in einen Forstweg ein, der vollends in das Tal hinunterführt.
Sie überqueren die Bahnlinie Hausach – Triberg, halten sich in

Eine der größten Attraktionen im Schwarzwald: das Freilichtmuseum Vogtsbauernhof im Gutachtal.

Gutach am Hotel-Restaurant Linde rechts und gelangen zum Ortsrand. Unmittelbar nach einer Bahnunterführung biegen Sie links ab auf einen Feldweg, der entlang der Bahnlinie verläuft – am Fuß des Talhangs stehen bemerkenswerte Bauernhöfe. Kurz darauf unterqueren Sie die Gleise, überqueren die Gutach und wenden sich auf der verkehrsreichen B 33 nach rechts. Nach Überqueren der Gleise biegen Sie links ab auf ein ruhiges Sträßchen, kreuzen nochmals die Gleise, halten sich an einer Gabelung links und passieren mehrere große Bauernhöfe, ehe Sie ab Singersbach entlang der Gleise zum Freilichtmuseum Vogtsbauernhof gelangen, einem eindrucksvollen Museumsgelände, auf dem Höfe aus dem 16./17. Jh. aus allen Teilen des Schwarzwalds zusammengetragen und mit altem Hausrat und Gegenständen ausgestattet wurden. Die Wohnhäuser, die je nach Region sehr unterschiedlich aussehen, werden ergänzt durch Nebengebäude wie Speicher, Mahlmühle, Sägemühle, Back- und Brennhäusle sowie Hammerschmiede.
Weiter talabwärts erreichen Sie die Häuser von Am Turm und kehren auf demselben Weg, auf dem Sie Ihre Wanderung begonnen haben, nach Hausach zurück.

Informationen zur Tour

Ausgangsort

Hausach im Kinzigtal

Anfahrt

PKW: A 5, Karlsruhe – Basel, Ausfahrt Offenburg; B 33 über Gengenbach nach Hausach; 100 m vor dem Bahnhof an einer Kirche links abbiegen in die Inselstraße; Parkmöglichkeiten entlang der Straße

Die Täler im Mittelschwarzwald werden trotz ihrer steilen Hänge landwirtschaftlich genutzt.

Bahn: Station an der Schwarzwaldbahn Offenburg – Villingen-Schwenningen; mehrmals täglich

Zielort

Wie Ausgangsort

Unterkunft

- Hotel Eiche, Wilhelm-Zangen-Str. 30, Tel. 078 31/2 29; im Zentrum von Hausach (mittel)
- Gasthaus Blume, Eisenbahnstr. 26, Tel. 078 31/286; in Hausach auf Höhe des Bahnhofs (mittel)
- Campingplatz zur Mühle, Tel. 078 34/7 75; in Wolfach-Kirnbach

Einkehrmöglichkeiten

In Hausach; in Am Turm Gasthaus Sonne; in Gutach, u. a. Gasthof Linde; Restaurant am Museum Vogtsbauernhof

Öffnungszeiten

- Freilichtmuseum Vogtsbauernhof, 1. 4.–1. 11. täglich 8.30–18 Uhr

Auskunft

Verkehrsamt, Hauptstr. 40,
77756 Hausach, Tel. 078 31/790
07831-790

Karte

Atlasco 1: 30 000, Blatt 236 (Alpirsbach/Bad Rippoldsau)

Sehenswertes in der Umgebung

Schwarzwälder Trachtenmuseum in Haslach

15 Im Herzen des Mittleren Schwarzwalds

Tourenlänge
6 km

Durchschnittliche Gehzeit
2 Std.

Etappen
Hornberg (Bhf.) – Burgruine Hornberg 2,5 km – Ortsrand Hornberg 2 km – Bahnhof 1,5 km

Steigung
180 m

Eignung für Kinder
Gut geeignet (ab 8 Jahren)

Wegcharakter
Ein längerer Anstieg zur Burgruine Hornberg, am Hang des Gutachtals auf und ab; ca. 3,5 km auf Straßen, ansonsten auf Waldweg

Interessantes am Weg
Freilichttheater; Ruine Schloß Hornberg

Wegmarkierung
Bahnhof Hornberg – B 33: blaue Raute; Anstieg zum Schloßweiher: blau-weiße Markierung »H 16«; zur Schloßruine: blau-weiße Markierung »H 4«; bis Hornberg: blau-weiße Markierung »H 1«; in Hornberg zurück zum Bahnhof: roter Kreis

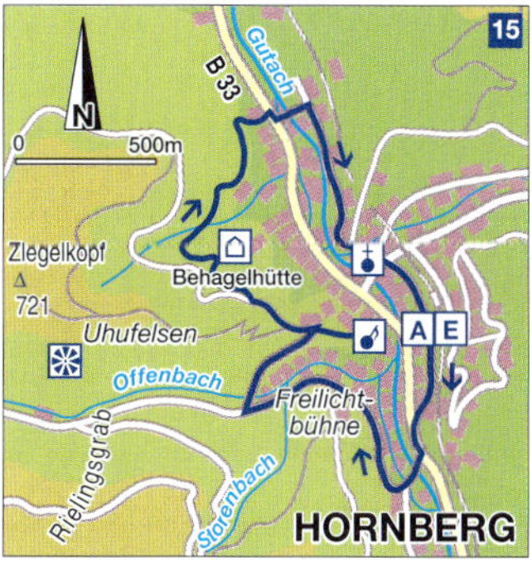

Zur Schloßruine oberhalb Hornberg

Vom etwas erhöht liegenden Bahnhof **Hornberg** gehen Sie auf der *Bahnhofstraße* in südlicher Richtung zur *Werderstraße* (B 33), folgen ihr nach links und biegen nach 150 m rechts ab in die *Frombachstraße*. Sie überqueren die Gutach und steigen am Fuß des bewaldeten Talhangs nach rechts auf der Straße *Am Storenwald* an. Sie passieren die Kulissen eines **Freilichttheaters**, in dem jeden Sommer das »Hornberger Schießen« aufgeführt wird: eine Legende um den Empfang des Herzogs von Württemberg im Jahr 1564, als die Bürger ihr Pulver aus Versehen zu früh verschossen und den Herzog dann mit lauten »Piff-Paff«-Rufen empfangen mußten.

Die Schloßruine Hornberg war Schauplatz des sprichwörtlichen »Hornberger Schießens«.

Am kleinen Schloßweiher wenden Sie sich nach rechts zum Hotel Schloß Hornberg und zu einer auf einem Felsklotz über dem Gutachtal sitzenden Ruine, dem sogenannten Oberen Schloß, das um 1200 erbaut und im 17. Jh. zerstört wurde. Erhalten sind der Bergfried, das Pulverhaus sowie einige Mauerreste.
Sie kehren zum Hotel zurück und biegen wenige Meter danach rechts ab auf einen Forstweg, halten sich wenig später erneut rechts und gelangen zur Behagelhütte und zu einem kleinen Pavillon. Wenig später kreuzen Sie schräg nach links einen querlaufenden Weg, folgen dem *Bürgermeister-Vogel-Weg* streckenweise recht steil hangabwärts und steigen im Gewann Am Galgen zum nördlichen Ortsrand von Hornberg hinunter.
Sie überqueren die *Hauptstraße* (B 33) sowie die Gutach, wenden sich nach rechts und gelangen in der Straße *Hohenweg* und durch die *Poststraße* in die Ortsmitte. In der *Bahnhofstraße* steigen Sie nach links wenige Meter an und kehren nach rechts zum Bahnhof zurück.

Informationen zur Tour

Ausgangsort
Hornberg

Anfahrt
PKW: A 5, Karlsruhe – Basel, Ausfahrt Offenburg; B 33 über Offenburg und Hausach nach Hornberg; Parkplatz am Bahnhof
Bahn: Station an der Schwarzwaldbahn Offenburg – Villingen-Schwenningen; mehrmals täglich

Zielort
Wie Ausgangsort

Unterkunft
- Hotel Schloß Hornberg, Tel. 078 33/68 41; auf dem Schloßberg (mittel – gehoben)
- Hotel Adler, Tel. 078 33/3 67 und 10 11; an der Hauptstraße in Hornberg (mittel)
- Pension Haus Schwarzwaldblick, Am Rubersbach 84, Tel. 078 33/2 38; im Ortsteil Am Rubersbach südlich von Hornberg (preiswert)

Einkehrmöglichkeiten
Auf dem Schloßberg Restaurant/Café im Hotel Schloß Hornberg mit Gartenwirtschaft (kein Ruhetag); mehrere Gasthäuser in Hornberg

Öffnungszeiten
- Aufführungen in der Freilichtbühne jeweils 15. 6.–1. 9.

In Hornberg wird, wie in vielen Orten im Schwarzwald, während der »Fasnet« die Stadt geschmückt.

- Burgruine Hornberg jederzeit frei zugänglich

Auskunft
Städt. Verkehrsamt, Leimattenstr. 15, 78132 Hornberg, Tel. 078 33/60 72

Karte
Atlasco 1: 30 000, Blatt 256 (Schramberg) oder Blatt 247 (Triberg/Elztal)

Sehenswertes in der Umgebung
Freilichtmuseum Vogtsbauernhof in Gutach (siehe Tour 14)

16 Urlaubsorte Triberg und Furtwangen

Tourenlänge
15 ½ km

Durchschnittliche Gehzeit
5 Std.

Etappen
Triberg (Freibad) – Wasserfälle 0,5 km – Gasthaus Geutsche 2,5 km – Stöcklewaldturm 4 km – Furtwangen (Ortsrand) knapp 8 km – Busbahnhof 0,5 km

Steigung
430 m

Eignung für Kinder
Gut geeignet (ab 8 Jahren)

Wegcharakter
Von Triberg langer, teils steiler Anstieg zum Stöcklewaldturm, dann langer Abstieg nach Furtwangen; gut 2 km auf Straßen, ansonsten auf Forst- und Waldwegen

Interessantes am Weg
Triberger Wasserfälle; Stöcklewaldturm (Aussichtsturm); Uhrenmuseum in Furtwangen

Wegmarkierung
Triberg – kurz vor Stöcklewaldturm: blaue Raute; anschließend bis Furtwangen: rote Raute (Mittelweg)

Deutschlands höchste Wasserfälle und das Deutsche Uhrenmuseum

Vom Parkplatz am Freibad in **Triberg** steigen Sie wenige Meter am bewaldeten Talhang hoch und folgen einem Forstweg nach rechts zu den **Wasserfällen**.
Über 7 Stufen stürzt das Wasser der Gutach insgesamt 163 m hinab und bildet damit Deutschlands höchste Wasserfälle.
Auf demselben Weg kehren Sie zurück, passieren das Freibad und steigen an, kreuzen ein Sträßchen und stoßen auf die Straße Triberg – St. Georgen/ Furtwangen.
Auf ihr gehen Sie nach rechts bergauf und steigen auf einem am **Gasthaus Geutsche** links abzweigenden Sträßchen über eine langgestreckte Lichtung mit den wenigen Höfen von **Oberliemberg**, parallel zur Straße, sanfter an. Der Weg mündet wieder in die Straße ein, der Sie nach links folgen. Sie kreuzen die nach Schönwald führende Straße und stoßen wenig später auf einen querlaufenden Forstweg, der nach rechts zum **Stöcklewaldturm** (mit Wanderheim; 1067 m) führt.
Sie folgen der roten Raute auf der Scheitelhöhe eines Bergrückens, passieren einige Wegkreuze und immer wieder Lich-

»Wiederkehr« wird das große Tor genannt, durch das die beladenen Heuwagen von der Bergseite her direkt in das Haus fahren können.

tungen mit einzelnen Bauernhöfen. Oberhalb der Höfe von Vorderschützenbach steigen Sie nochmals kurzzeitig an, gehen anschließend bequem bergab und steigen am Südhang des Sonnenbergs (1045 m) steiler ab zum Ortsrand von Furtwangen. Sie kreuzen die erste Wohnstraße, halten sich in der *Sommerbergstraße* nach rechts und gelangen nach links zum *Rößleplatz* hinunter. Hier gehen Sie zunächst geradeaus, biegen links ab in die *Gerwigstraße* und erreichen das sehenswerte Deutsche Uhrenmuseum. Eine umfangreiche Sammlung von Uhren aller Art aus verschiedenen Epochen und Ländern, vor allem aber aus dem Schwarzwald – Furtwangen und Triberg liegen im Zentrum der Schwarzwälder Uhrenherstellung –, informiert über die Geschichte der Zeitmessung.
Auf demselben Weg kehren Sie zurück, überqueren schräg nach

Über Stege kann man entlang der insgesamt 163 m hohen Triberger Wasserfälle ansteigen.

rechts den *Marktplatz* und gelangen in der *Friedrichstraße* zur Bushaltestelle. Per Bus kehren Sie nach Triberg zurück. Von der Haltestelle am Marktplatz in Triberg gehen Sie auf der *Hauptstraße* bergauf, vorbei an Uhrengeschäften, in denen Kuckucksuhren in allen Formen angeboten werden, bis zur Straßenkurve. Ein Abstecher nach rechts bringt Sie zum Schwarzwaldmuseum mit umfangreicher Sammlung, vor allem zum Thema Uhren und Trachten. Nach links erreichen Sie durch die *Ludwigstraße*, dann die *Friedrichstraße* Ihren Ausgangspunkt.

Informationen zur Tour

Start

Ausgangsort

Triberg

Anfahrt

PKW: A 81, Stuttgart – Singen, Ausfahrt Villingen-Schwenningen; über Villingen-Schwenningen und St. Georgen auf der B 33 nach Triberg; im Ort links abbiegen in Richtung Vöhrenbach; Parkplatz am Freibad
Bus: Verbindungen von Offenburg, Villingen, Elzach und Furtwangen; in Triberg Haltestelle Marktplatz

Ziel

Zielort

Furtwangen

Rückfahrt

Von Furtwangen (Haltestelle Friedrichstr.) nach Triberg (Haltestelle Marktplatz), Mo – Fr mehrmals täglich, Sa/So reduziert; letzte Abfahrt Mo–Fr und So gegen 19 Uhr, Sa gegen 17 Uhr; Auskunft: Südbaden-Bus Furtwangen, Tel. 07723/1811

Unterkunft

• Parkhotel Wehrle, Gartenstr. 24, Tel. 07722/86020; am Marktplatz in Triberg (gehoben)
• Gasthof Krone, Schulstr. 37, Tel. 07722/4524; im Zentrum von Triberg (preiswert)

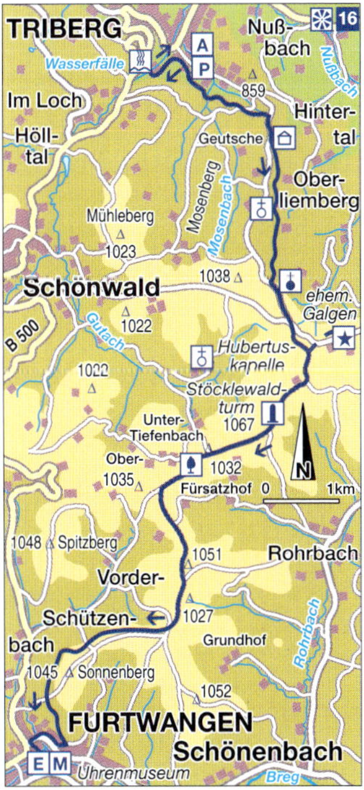

• Privatzimmer, u.a. Gästehaus Ingeborg, Sägedobel 20, Tel. 07722/4235; östlich des Zentrums (preiswert)
• JH, Rohrbacher Str. 35, Tel. 07722/4110; am südöstlichen Stadtrand

Einkehrmöglichkeiten

Mehrere Lokale in Triberg; Gasthof Geutsche (Di geschl.); Hotel-Café Geutsche (Do geschl.); Stöcklewaldturm (Do geschl.); mehrere Gasthöfe in Furtwangen

Öffnungszeiten

• Triberger Wasserfälle, jederzeit zugänglich; im Sommer Eintrittsgebühr
• Deutsches Uhrenmuseum in Furtwangen, 1.4.–1.11. täglich 9–17, 2.11.–31.3. 10–17 Uhr
• Schwarzwaldmuseum Triberg, 1.5.–31.10. täglich 9–18, 1.11.–30.4. 10–17 Uhr, 15.11.–15.12. nur Sa/So 10–17 Uhr

Auskunft

Kurverwaltung, 78098 Triberg, Tel. 07722/953230

Karte

Atlasco 1:30000, Blatt 247 (Triberg/Elztal)

Sehenswertes in der Umgebung

In Schonach größte Kuckucksuhr der Welt

17 Im Breisgau

Tourenlänge
14½ km

Durchschnittliche Gehzeit
5 Std.

Etappen
Buchholz – Gasthaus Reichenbächler Hof 3,5 km – Sexau (Kirche) 2 km – Burgruine Hochburg 2 km – Lörch 3,5 km – Buchholz (Kirche) 3,5 km

Steigung
280 m

Eignung für Kinder
Gut geeignet (ab 8 Jahren)

Wegcharakter
Zwei längere Anstiege und ein kurzer Anstieg; insgesamt ca. 5 km auf ruhigen Straßen und asphaltierten Fahrwegen, ansonsten auf Wirtschafts- und Waldwegen

Interessantes am Weg
Burgruine Hochburg

Wegmarkierung
Buchholz – Aussichtspunkt Rebhaus: grünes Weinglas auf gelbem Grund (Breisgauer Weinwanderweg); Sexau – Burgruine Hochburg: gelber und grüner Punkt; Hochburg – Lörch: blauer Punkt; durch Lörch hindurch zum Fuß des Allmenbuck: gelber und grüner Punkt; anschließend bis Buchholz: keine Markierung

Durch Weinberge zur Burgruine Hochburg

Von der Ortsdurchfahrt in Buchholz biegen Sie an der Kirche ab in die *Schwarzwaldstraße* und folgen den Ausschilderungen zum Bahnhof. Geradeaus überqueren Sie die Bahnlinie Denzlingen – Waldkirch und die breite Talsohle der Elz, gehen durch eine Straßenunterführung und steigen in einem Weinberg in zwei Kehren zum Waldrand an.
Über den Mörtelbuck (348 m) gelangen Sie zu den wenigen Bauernhöfen von Reichenbächle, steigen am anderen Talhang an und erreichen nach links durch Weinfelder den Aussichtspunkt Rebhaus.
Bequem steigen Sie nach Sexau hinunter und folgen der Ortsdurchfahrt nach links, biegen bei der Kirche vor einer scharfen Linkskurve der Straße rechts ab in die Straße *Wassergässle* und überqueren den Brettenbach. Am Talhang steigen Sie nach rechts entlang des Waldrands stetig an zur mächtigen Burgruine Hochburg, halten sich unmittelbar vor der äußeren Festungsmauer links und gelangen durch einen Treppenaufgang in der Festungsmauer in die weitläufige Festungs- und Burganlage. Im 11. Jh. wurde die Burg er-

baut, in den folgenden Jahrhunderten als Herrensitz der Markgrafen von Baden-Hachberg immer wieder vergrößert und im 16./17. Jh. durch die Anlage von Vorwerken und Bastionen zur Festung ausgebaut, so daß sie heute eine der größten in Baden ist. Auf demselben Weg kehren Sie zurück zum Waldrand, gehen geradeaus weiter auf der Scheitelhöhe des Hügelrückens Hornwald, vorbei an einem Fernsehturm, und steigen zum Parkplatz Horneck hinunter, wo Sie den Brettenbach überqueren und sich nach links wenden.
Auf einem Fußweg und durch das Sträßchen *Brettenbachweg*

Obwohl sie auf einer recht niederen Erhebung steht, wurde die Festung Hochburg nie bezwungen.

erreichen Sie in Lörch die Ortsdurchfahrt und überqueren diese schräg nach links. Die Straße *Moosweg* führt aus dem Ort hinaus und zum Fuß der Erhebung Allmenbuck, wo Sie sich rechts halten entlang eines Weinbergs, die Straße Emmendingen – Waldkirch überqueren und links abbiegen auf ein Sträßchen, das auf der Sohle des Elztals verläuft. Auf Höhe des Bahnhofs Buchholz wenden Sie sich nach rechts und kehren in die Ortsmitte von Buchholz zurück.

Informationen zur Tour

Ausgangsort

Buchholz, Ortsteil von Waldkirch

Anfahrt

PKW: A 5, Karlsruhe – Basel, Ausfahrt Riegel; B 3 nach Emmendingen, in Emmendingen links abbiegen in Richtung Waldkirch und über Sexau nach Buchholz; Parkmöglichkeiten bei der Kirche an der Ortsdurchfahrt
Bus: Emmendingen – Elzach, Haltestelle Buchholz-Kirche, Mo – Fr mehrmals täglich, Sa reduziert

Zielort

Wie Ausgangsort

Unterkunft

• Hotel Hirschenstube, Tel. 0 76 81/98 53; im Zentrum von Buchholz (gehoben)
• Landgasthof Löwen, Schwarzwaldstr. 34, Tel. 0 76 81/98 68; in Buchholz (gehoben)
• Gasthaus Rebstock, Schwarzwaldstr. 107, Tel. 0 76 81/98 72; in Buchholz (preiswert)
• Campingplatz Elztalblick, Biehlstr., Tel. 0 76 81/74 33; im Ortsteil Siensbach

Einkehrmöglichkeiten

In Buchholz Hotel Hirschenstube (Mo geschl.), Gasthof Rebstock (Di geschl.), Gasthaus zur Straussi (Di

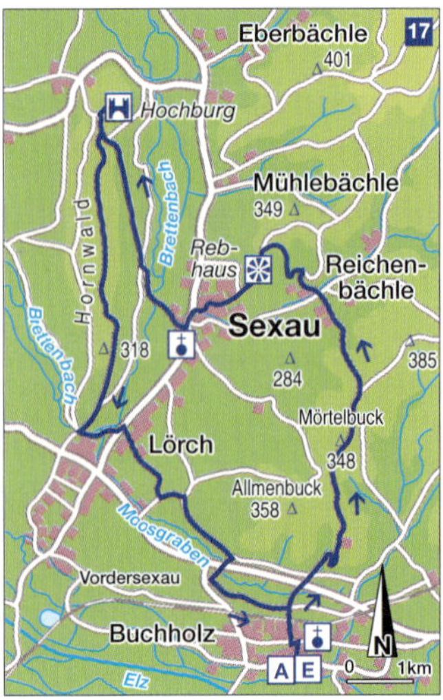

Ruine Hochburg: eindrucksvolle Ruinen und weiter Blick.

geschl.), alle in der Schwarzwaldstraße; in Lörch Löwen (Mi geschl.)

Öffnungszeiten

Burgruine Hochburg jederzeit frei zugänglich; kleine Ausstellung in der Burgruine April – Okt. So und feiertags 14 – 18 Uhr

Auskunft

Tourist Information, Kirchplatz 2, 79183 Waldkirch, Tel. 0 76 81/4 04-10 6

Karte

Atlasco 1 : 30 000, Blatt 218 (Waldkirch, Elztal)

Sehenswertes in der Umgebung

Elztalmuseum (Regionalmuseum, u. a. zu Orgelbau) in Waldkirch, Kirchplatz 14; Ostern – Okt. Di – Sa 15 – 17, So 11 – 16 Uhr, 1. 11. – Ostern Mi/Fr 15 – 17, So 11 – 16 Uhr

18 Im Kaiserstuhl

Tourenlänge
8,5 km

Durchschnittliche Gehzeit
2½ – 3 Std.

Etappen
Oberrotweil – Achkarren gut 3 km – Bickensohl 3 km – Oberrotweil (Ortsrand) 2 km – Parkplatz 0,5 m

Steigung
250 m

Eignung für Kinder
Gut geeignet (ab 8 Jahren)

Wegcharakter
Vier kürzere, teilweise steile Anstiege; überwiegend auf Feldwegen und asphaltierten Weinbergwegen

Interessantes am Weg
Winzerdörfer Oberrotweil, Achkarren mit Weinbaumuseum, Bickensohl; ein Löß-Hohlweg

Wegmarkierung
Oberrotweil – Achkarren: u. a. rote Raute auf gelbem Grund (Schwarzwald-Querweg); bis zur Straße Achkarren – Bickensohl: roter Balken; anschließend einige hundert Meter weit zur Straße Achkarren – Bickensohl: roter Punkt; bis Bickensohl: Markierung des Rundwegs »4«; Bickensohl – Oberrotweil: rotes Dreieck

Weinberge, Winzerdörfer, Weinstuben

Gegenüber dem Parkplatz in der Ortsmitte des Winzerdorfs Oberrotweil folgen Sie der *Ellenbuchstraße* und steigen in einem engen Tal zunächst sanft, dann zwischen Weinbergen steiler an. Im stark gegliederten Gelände oberhalb von Achkarren stoßen Sie auf einen querlaufenden Weg, folgen ihm nach rechts und halten sich am Fuß des Schloßbergs links bergab nach Achkarren, wo Sie beim Weinbaumuseum auf die Ortsdurchfahrt stoßen.

Reizvoll sind die kleinen Winzerdörfer im Kaiserstuhl.

Auf dieser, der *Schloßbergstraße* (links gehen!), gehen Sie nach links durch das Dorf bis kurz vor das Ortsende, wo Sie gegenüber der rechts abzweigenden Brunnenstraße auf einem links abzweigenden Fußweg steil ansteigen. Der Weg mündet in einen querlaufenden Weg ein, der nach rechts zur Straße Achkarren – Bickensohl führt. Der Straße folgen Sie nach links 30 m weit, steigen links in ein Tal hinunter und gehen parallel zur Straße talabwärts zu einer Weggabelung. Sie steigen nach rechts wieder zur Straße Achkarren – Bickensohl hoch und folgen auf der anderen Straßenseite einem tief eingeschnittenen **Hohlweg** weiter bergauf. Durch solche Hohlwege, die sich im weichen Lößboden tief eingegraben haben, erreichten früher die Winzer ihre Weinberge. Nach 30 m halten Sie sich an der ersten Gabelung rechts, nach weiteren 50 m an der zweiten links, nach nochmals 50 m an der dritten Gabelung geradeaus auf dem breiteren Weg und erreichen nach 100 m einen Hangabsatz. Sie wenden sich nach links und steigen zwischen Weinfeldern nach **Bickensohl** ab.

Auf der *Hauptstraße* gehen Sie durch den Ort, biegen am Weingut Hauser, schräg gegenüber der Winzergenossenschaft, rechts ab und folgen einem ansteigenden Weinbergweg mehrere hundert Meter weit. Die Markierung führt Sie nach links, talabwärts und wieder bergab. Nach einigen hundert Metern halten Sie sich rechts und stoßen auf ein Sträßchen, das nach links zum Ortsrand von **Oberrotweil** und zur Straße Oberrotweil – Schelingen hinunterführt. Nach links folgen Sie der Straße zu Ihrem Ausgangspunkt in der Ortmitte.

Informationen zur Tour

Start

Ausgangsort

Oberrotweil im Kaiserstuhl

Um die idealen Anbaubedingungen für Wein optimal nutzen zu können, wurden die Hänge des Kaiserstuhls terrassiert.

Anfahrt

PKW: A 5, Karlsruhe – Basel, Ausfahrt Riegel; über Bahlingen und Schelingen nach Oberrotweil; Parkplatz in der Ortsmitte gegenüber der Sparkasse

Bus: Freiburg – Bischoffingen mehrmals täglich; Haltestelle in Oberrotweil an der Sparkasse

Zielort

Wie Ausgangsort

Unterkunft

• Gasthaus Bären, Hauptstr. 4, Tel. 0 76 62/2 89; Ortsmitte Oberrotweil bei der Kirche (preiswert)

• Mehrere Gästehäuser, u. a. Pension Reblaus, Hauptstr. 57, Tel. 0 76 62/61 62; an der Ortsdurchfahrt (preiswert)

Einkehrmöglichkeiten

In Oberrotweil mehrere Gaststätten, u.a. Café Vogesenblick (Di geschl.), Gasthaus Neun Linden (Mi geschl.), Gasthaus Rebstock; in Achkarren Winzerstube Zur Krone (Mi geschl.) und Weinstube Schneckenbergstüble (Do geschl.); in Bickensohl Hotel-Restaurant Rebstock (Mo und Di bis 18 Uhr geschl.) und Winzerstube Engel (Mo geschl.)

Öffnungszeiten

Kaiserstühler Weinbaumuseum in Achkarren, Palmsonntag bis Allerheiligen Di – Fr 14 – 17, Sa/So 11 – 17 Uhr

Auskunft

Fremdenverkehrsverein, Bahnhofstr. 43, 79235 Vogtsburg-Oberrotweil, Tel. 0 76 62/5 66 oder 4 48

Karte

Atlasco 1 : 30 000, Blatt 240 (Kaiserstuhl)

Sehenswertes in der Umgebung

In Breisach: Historische Altstadt und Münster

19 Stadtrundgang in Freiburg

Tourenlänge
Gut 4 km

Durchschnittliche Gehzeit
1½ Std. (ohne Besichtigungen)

Etappen
Parkhaus »Karlsplatz« – Stadtgarten 0,3 km – Schloßberg-Kabinenbahn zu Café Dattler – Schwabentor 0,6 km – Museum für Neue Kunst 0,6 km – Martinstor 0,3 km – Alte Universität 0,2 km – Museum für Ur- und Frühgeschichte (Colombipark) 0,5 km – Rathausplatz 0,6 km – Münster – 0,5 km – Parkhaus 0,7 km

Steigung
Nicht nennenswert; bei Nicht-Benutzung der Kabinenbahn ein Anstieg von 80 m auf dem Mozartsteg

Eignung für Kinder
Bedingt geeignet (ab 8 Jahren)

Wegcharakter
Auf Straßen und Gassen – vorwiegend Fußgängerzone – durch die Altstadt

Interessantes am Weg
Schwaben- und Martinstor, Augustinermuseum, Museum für Neue Kunst, Albert-Ludwig-Universität, Schwarzes Kloster, Museum für Ur- und Frühgeschichte, Münster, Historisches Kaufhaus

Wegmarkierung
Keine

Durch Gassen zum Meisterwerk der Gotik

Vom Ausgang der Tiefgarage »Karlsplatz« wenden Sie sich nach rechts zum *Leopoldring*, folgen der Straße nach rechts zum **Stadtgarten** und gelangen mit der Schloßberg-Seilbahn zum **Café-Restaurant Dattler** am Hang des bewaldeten Schloßbergs, auf dem im Mittelalter die Burg der Zähringer stand, die den Marktort Freiburg an einer wichtigen Handelsstraße im Jahr 1120 gründeten. Von hier oben genießen Sie einen schönen Blick über die Stadt. Sie halten sich rechts, kurz danach an einer Gabelung erneut rechts und steigen ab zum *Schloßbergring* am östlichen Rand der Altstadt. Nach Überqueren des *Schwabentorplatzes* betreten Sie durch das **Schwabentor,** Teil der mittelalterlichen Stadtbefestigung, den ältesten Teil der Stadt. Hier am Platz *Oberlinden* steht der Gasthof Roter Bären, einer der ältesten Gasthöfe Deutschlands. Sie folgen rechts der schmalen *Konviktstraße*, einer vorbildlich sanierten Gasse, und biegen links ab in die *Münzgasse*. Auf der zweiten Querstraße wenden Sie sich nach links (*Augustinergasse*) und gelangen zum *Augustinerplatz* mit dem ehemaligen Kloster der Augustinereremiten,

das um 1300 erbaut und im 18. Jh. barockisiert wurde; heute ist hier das Augustinermuseum untergebracht.
Sie folgen nach rechts der Straße *Gerberau*, im Mittelalter ein Handwerkerviertel, biegen links ab und sofort wieder rechts in die Straße *Fischerau*, die am Martinstor (um 1200) in die breite *Kaiser-Joseph-Straße*, eine Einkaufsstraße, einmündet.
Ihr folgen Sie nach rechts, biegen am Bertoldsbrunnen links ab in die *Bertoldstraße* und passieren die Alte Universität mit Universitätskirche, im 17./18. Jh. Jesuitenkolleg, zur Rechten und Universitätsviertel zur Linken.
Auf dem mehrspurigen *Rotteckring* wenden Sie sich nach rechts, überqueren die Straße und erreichen durch den Colombipark, eine ehemalige Bastion einer im 17. Jh. geplanten Festung, das Colombischlößle, eine Villa aus dem 19. Jh., in der das Museum für Ur- und Frühgeschichte eingerichtet ist.
Auf demselben Weg kehren Sie zurück, überqueren den *Rotteckring* wieder und folgen der *Rathausgasse* zum Rathausplatz. Sehenswert: das Alte Rathaus (16. Jh.), an das sich eine aus dem 13. Jh. stammende Gerichtslaube anschließt, das Neue Rathaus, das durch die Verbindung zweier Gebäude aus dem

Zahlreich sind die Straßencafés und Einkehrmöglichkeiten in den Gassen der Freiburger Altstadt.

16. Jh. entstand, sowie die Martinskirche, nach dem 2. Weltkrieg wiederaufgebaute Kirche des einstigen Franziskanerklosters; bemerkenswert ein Martinsfresko (15. Jh.) mit einer Stadtansicht von Freiburg.
In der *Franziskanerstraße* passieren Sie das »Haus zum Walfisch«, ein spätgotisches Haus mit Erker, und stoßen auf die *Kaiser-Joseph-Straße* – einige Meter zur Linken der Basler Hof (15. Jh.), heute Regierungspräsidium – , halten sich rechts und biegen gleich darauf links ab in die *Münsterstraße*, die auf das Münster Unserer Lieben Frau

zuführt, ein »Meisterwerk« der Gotik mit eindrucksvollem Turm, der bestiegen werden kann (über 300 Treppenstufen!). Im Inneren der Kirche, deren Bau um 1120 begonnen und ab 1200 im Stil der Gotik fortgesetzt wurde, beeindrucken vor allem die Glasfenster, gestiftet von den einzelnen Zünften, sowie der Hochaltar von Hans Baldung Grien (frühes 16. Jh.).
Sie gehen rechts am Münster vorbei, passieren das **Historische Kaufhaus**, einen spätgotischen Bau mit Treppengiebel sowie Arkaden, und stoßen auf die *Herrenstraße*, der Sie nach links zum *Karlsplatz* folgen.

Informationen zur Tour

Ausgangsort

Freiburg im Breisgau, Karlsplatz

Anfahrt

PKW: A 5, Karlsruhe – Basel, Ausfahrt Freiburg-Mitte; B 31 nach Freiburg, an den Kronenbrücken links abbiegen, vorbei am Bahnhof und nach rechts in die mehrspurige Friedrichstraße; nach einigen hundert Metern rechts die Tiefgarage »Parkplatz am Karlstor«
Bahn: Station an der Rheintalbahn; Intercity-Verbindungen im Stundentakt
Bus: Regio-Verkehrsverbund Freiburg: dichtes Busnetz innerhalb der Stadt und in der weiteren Umgebung

Zielort

Wie Ausgangsort

Unterkunft

- Oberkirch Hotel, Münsterplatz 22, Tel. 0761/31011; im Zentrum der Altstadt (gehoben)
- Hotel Schemmer, Eschholzstr. 63, Tel. 0761/272424; in der Nähe von Bus- und Hauptbahnhof (mittel)
- Jugendherberge, Kartäuserstr. 151, Tel. 0761/67656; östlich des Stadtzentrums
- Campingplatz Hirzberg, Kartäuserstr. 99, Tel. 0761/35054; östlich des Stadtzentrums

Einkehrmöglichkeiten

Zahlreiche Cafés, Gaststätten und Restaurants, u. a. Schloßbergrestaurant Dattler (Di geschl.) mit Aussichtsterrasse; Restaurant Colombi mit Garten und Terrasse (kein Ruhetag); Roter Bären, Deutschlands ältester Gasthof (So ab 15 Uhr und Mo geschl.)

Öffnungszeiten

- Schloßbergseilbahn Mi – So 11 – 17 Uhr
- Augustinermuseum im ehemaligen Augustinerkloster am Augustinerplatz; Ausstellung mittelalterlicher Kunstschätze sowie Sammlungen von Glasmalererei und Kunsthandwerk
- Museum für Völkerkunde
- Museum für Naturkunde, beide Gerberau 32

• Museum für Neue Kunst, Marienstr. 10a; Sammlungen zur Kunst des 20. Jh. mit Schwerpunkt Expressionismus
• Museum für Ur- und Frühgeschichte im Colombischlößle, Darstellung der Epochen von der Altsteinzeit bis zum frühen Mittelalter durch Ausgrabungsfunde und Texttafeln
• Museum für Stadtgeschichte im Wentzingerhaus, Münsterplatz 30; Dokumente, Funde, Modelle zur Geschichte der Stadt;
alle Museen geöffnet Di – Fr 9.30 – 17 und Sa/So 10.30 – 17 Uhr

Auskunft

Freiburg Information, Rotteckring 14, 79098 Freiburg, Tel. 07 61/3 68 90 90

Karte

Stadtplan Freiburg

Sehenswertes in der Umgebung

Alter Friedhof, 1683 nördlich der Altstadt angelegt, parkartige Anlage mit schönen Grabmälern rund um die barocke Michaelskapelle

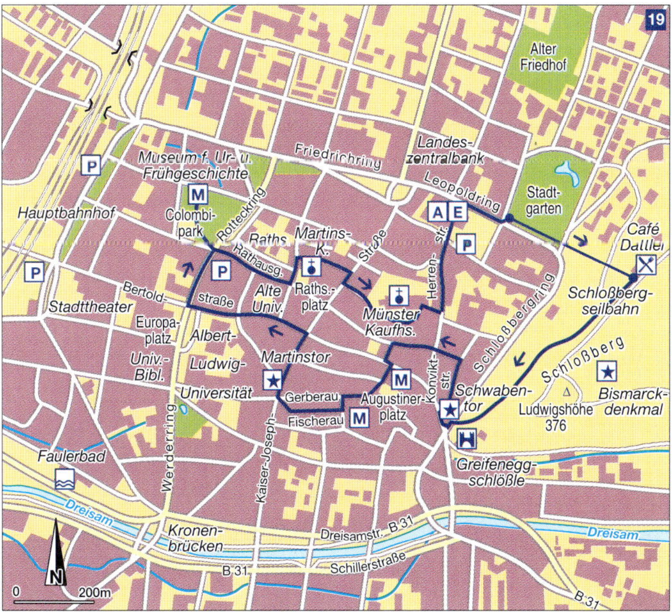

20 Von St. Märgen nach St. Peter

Tourenlänge
16,5 km

Durchschnittliche Gehzeit
5 – 6 Std.

Etappen
St. Märgen – Tal des Ibenbachs 5,5 km – St. Peter (Kloster) 2,5 km – Schmittenbach (Gasthaus Panorama) 1,5 km – Vogesenkapelle 2,5 km – Kapfenkapelle 2 km – St. Märgen (Ortsrand) 2 km – Parkplatz 0,5 km

Steigung
320 m

Eignung für Kinder
Bedingt geeignet (ab 10 Jahren)

Wegcharakter
Zu Beginn ein langer Abstieg in das Tal des Ibenbachs und ein kürzerer Anstieg nach St. Peter; langer, recht steiler Anstieg zur Vogesenkapelle; bequem über die Kapfenkapelle nach St. Märgen

Interessantes am Weg
Wallfahrtskapelle Maria Hilf in St. Märgen; Kloster in St. Peter; zwei Kapellen in Aussichtslage; große Schwarzwaldhöfe

Wegmarkierung
St. Märgen – St. Peter: u. a. gelber Punkt; St. Peter – St. Märgen: blaue Raute

Panoramatour von Kloster zu Kloster

Vom Parkplatz am Ortsrand von St. Märgen gehen Sie auf einem Fußweg nach rechts zum ehemaligen Augustinerkloster, das im 12. Jh. als Gegenstück zum benachbarten Benediktinerkloster in St. Peter gegründet wurde und nach Jahrzehnten des Verfalls im 18. Jh. in barocker Form wiederaufgebaut wurde. Heute werden die Gebäude u.a. als Pfarrhaus genutzt und als Rathaus, in dem das Heimatmuseum sowie eine Ausstellung zur Schwarzwald-Uhr untergebracht sind. Die barocke Wallfahrtskirche Maria Himmelfahrt wurde nach einem Brand Anfang des 20. Jh. wiederaufgebaut; die Innenausstattung, vor allem die geschnitzten Figuren von Matthias Faller, stammen aus dem 18. Jh.
An einer Straßengabelung biegen Sie links ab in die *Glottertalstraße* und folgen ihr ca. 1 km weit. Am Glasträgerhof halten Sie sich links auf eine schmale Nebenstraße (Sackgasse), eine ehemalige Römerstraße, die am Talhang des Ibenbachs stetig bergab führt, biegen kurz vor dem Hanissenhof rechts ab und steigen steiler ab. Wenige Meter oberhalb der Talsohle wenden Sie sich scharf

nach rechts, überqueren den Ibenbach und steigen am anderen Talhang kurzzeitig steil an. Nach gut 1 km wenden Sie sich an einem kleinen Waldstück nach links zum Schafhof, folgen der *Eichwaldstraße* nach rechts zum Ortsrand von St. Peter und gelangen geradeaus in der Straße *Rote Weg* zu einem Parkplatz unterhalb der Klosteranlage. Nach links steigen Sie auf der *Zähringer Straße* zum ehemaligen Benediktinerkloster hoch, im Jahr 1093 von den Herzögen von Zähringen als Hauskloster gegründet. Infolge mehrerer Brände stammt die heutige Kirche aus den Jahren 1724–1727. Bedeutende Künstler des Barock waren am Bau beteiligt: Baumeister Peter Thumb, Stukkateur J.A. Feuchtmayer, Holzschnitzer Matthias Faller, Maler Spiegler. Prächtig ausgestattet ist auch die Klosterbibliothek mit ca. 20 000 Titeln; sie ist jedoch nur im Rahmen einer Führung zugänglich.
Von der Klosterkirche folgen Sie der Straße *Mühlegraben*, passieren eine Sporthalle mit Hallenbad und halten sich an einer Gabelung geradeaus. Auf der Sohle des flachen Hochtals unterqueren Sie die Durchgangs-

Typisch für den Südschwarzwald: einzelne Gehöfte und grüne Matten vor der Kulisse der höchsten Erhebungen.

straße St. Märgen – Glottertal und folgen dem Sträßchen, das über Schmittenbach zu den Schön- und Plattenhöfen führt. Sie steigen auf einem rechts abzweigenden Weg zum **Gasthaus Panorama** und geradeaus, nun recht steil, zum Waldrand hoch. Nach rechts erreichen Sie, nur noch sanft ansteigend, durch Wald und über eine Lichtung die kleine **Vogesenkapelle.** Anschließend gelangen Sie sowohl durch Wald als auch entlang des Waldrands bequem zur **Kapfenkapelle,** einem hervorragenden Aussichtspunkt. Stetig leicht bergab gehen Sie auf der Scheitelhöhe eines Bergrückens in südöstliche Richtung weiter, folgen einem Sträßchen nach rechts, vorbei an der Rankmühle, nach **St. Märgen** und kehren auf der Hauptstraße zu Ihrem Ausgangspunkt zurück.

Informationen zur Tour

Ausgangsort

Kurort St. Märgen

Anfahrt

PKW: A 5, Karlsruhe – Basel, Ausfahrt Freiburg-Nord; B 294 in Richtung Waldkirch; bei Denzlingen rechts abbiegen und im Glottertal ansteigen nach St. Märgen; Parkplatz am Ortsrand in Richtung Kirchzarten

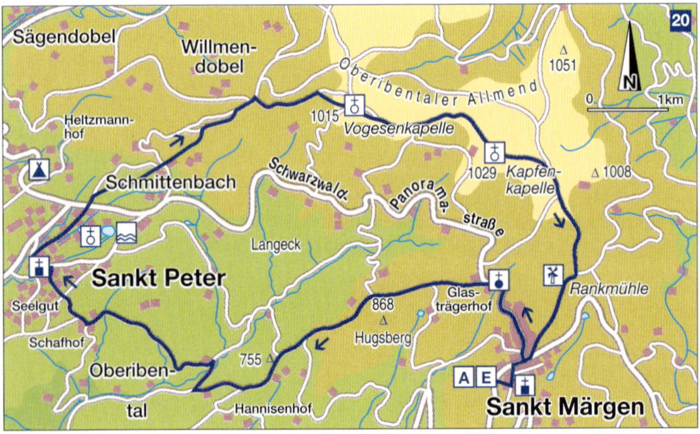

Von weitem sichtbar sind die Türme des ehemaligen Klosters St. Peter, im 11. Jh. gegründet, um die Besiedlung des Schwarzwalds voranzutreiben.

Bus: Verbindungen von Freiburg und Hinterzarten mehrmals täglich

Zielort

Wie Ausgangsort

Unterkunft

- Hotel Hirschen, Feldbergstr. 9, Tel. 0 76 69/7 87; Ortsmitte St. Märgen (mittel)
- Pension Haus Vogelsang, Löwenstr. 6, Tel. 0 76 69/3 34; Ortsmitte St. Märgen (preiswert)
- Campingplatz Steingrubenhof, Tel. 0 76 60/2 10; nördlich von St. Peter

Einkehrmöglichkeiten

Mehrere Gasthäuser und Cafés in St. Märgen und St. Peter, u. a. Gasthof Hirsch in St. Peter

Öffnungszeiten

- Wallfahrtskirche Maria Hilf in St. Märgen, täglich geöffnet
- Heimatmuseum St. Märgen, nur mit Führung, 15.5. – 15.10., Fr 16.30 Uhr
- Uhrenausstellung St. Märgen im Rathaus, nur mit Führung, 15.5. – 15.10, Mi 16.30 Uhr
- Kloster St. Peter, Kirche jederzeit zugänglich, Besichtigung der Bibliothek nur mit Führung: Di 11, Do 14.30, So 11.30 Uhr

Auskunft

Kurverwaltung, Rathausplatz 1, 79274 St. Märgen, Tel. 0 76 69/ 91 18 17

Karte

Atlasco 1 : 30 000, Blatt 228 (St. Märgen)

21 Durch die Ravenna-schlucht

Tourenlänge
Knapp 10 km

Durchschnittliche Gehzeit
3 – 3½ Std.

Etappen
Hinterzarten (Bhf.) – Hotel Sternen 3,5 km – Haus Ketterer 1,5 km – Siedlung Rößleberg gut 2 km – Hinterzarten (Bhf.) 2,5 km

Steigung
340 m

Eignung für Kinder
Sehr gut geeignet (ab 6 Jahren)

Wegcharakter
Von Hinterzarten durch das Löffeltal bequem hinunter zum Hotel Sternen, steiler Anstieg in der Ravennaschlucht und weiterer, kurzzeitig steiler Anstieg zur B 500; bequem zurück über Rößleberg und das Hinterzartener Hochmoor

Interessantes am Weg
Restaurierte Säge und Mühle; ehemalige Poststation Hotel Sternen mit Museum; Kapelle St. Oswald (Abstecher hin und zurück 800 m); Ravennaschlucht; Hinterzartener Hochmoor

Wegmarkierung
Durchgängig »Heimatpfad Hinterzarten« mit stilisiertem Mühlrad

Heimatpfad rund um Hinterzarten

Vom Bahnhof **Hinterzarten** gehen Sie nach rechts zur *Freiburger Straße*, der Hauptstraße, halten sich rechts und biegen vor einer Bahnunterführung links ab. Nach 200 m verlassen Sie die nach Alpersbach führende Straße nach rechts auf einem Fußweg, überqueren den Zartenbach und biegen sofort links ab auf ein Sträßchen, das in einen geschotterten Fahrweg übergeht und im engen **Löffeltal** – der Name rührt daher, daß in mehreren wassergetriebenen Schmieden Löffel hergestellt wurden – talabwärts führt, vorbei an der restaurierten **Kingensäge**.
Der Weg mündet im tief eingeschnittenen **Höllental** in die B 31. Nach 100 m talabwärts entlang der B 31 gehen Sie durch eine Straßenunterführung und erreichen das Hotel **Hofgut Sternen**, einen Gebäudekomplex mit Hotel, Imbißstube, Glashütte und Souvenirgeschäft. Neben den modernen Gebäuden ist auch das alte Postwirtshaus erhalten, eines der ältesten Gasthäuser im Hochschwarzwald, mit einst so prominenten Gästen wie Goethe und Marie-Antoinette, Gemahlin des französischen Königs Ludwig XVI. Hinter diesem Gebäude steht ein wiederaufgebautes

Das alte Postwirtshaus Sternen an der Höllentalstraße, die bereits im Mittelalter die wichtigste Querverbindung durch den Schwarzwald war.

Zollhaus (18. Jh.), in dem eine kleine Ausstellung über die Verkehrsgeschichte des Höllentals eingerichtet wird. Von hier lohnt sich ein kurzer Abstecher auf der alten Straße zur St.-Oswald-Kapelle (Mitte 12. Jh.) mit Beinhaus und Hochaltar aus dem frühen 16. Jh.

Am Hotel führt nach rechts ein Weg am Hang hoch, unterquert ein Eisenbahn-Viadukt (1926/27) der Höllentalbahn und führt entlang des steil abstürzenden Wildbachs Ravenna in einem engen, schluchtartigen Tal, vorbei an der restaurierten Großjockenmühle, steil hinauf zum Haus Ketterer (Café) am »Kopf« der Schlucht.

Nach 50 m halten Sie sich an einer Wegkreuzung geradeaus entlang des Baches, biegen nach ca. 400 m rechts ab und steigen entlang eines Bächleins mehrere hundert Meter weit an, ehe der Weg rechts abknickt und durch Wald zur B 500, Hinterzarten – Furtwangen, hochführt. Neben der Straße gehen Sie bequem in südliche Richtung, überqueren die Bundesstraße

und gelangen auf der links abzweigenden Straße *M.-Gremminger-Weg* in die Siedlung **Rößleberg**.
An einer Wendeplatte folgen Sie nach rechts einem Fußweg, unterqueren die B 31 und biegen links ab auf einen Weg, der parallel zur B 31 oberhalb des **Hinterzartener Hochmoors** verläuft. Kurz nach dem links abzweigenden Fußweg zum **Hotel Lafette** biegen Sie rechts ab, durchqueren das Hochmoor und wenden sich nach Überqueren der Bahnlinie auf der Straße *Bahnhofweg* nach rechts zum Bahnhof.

Informationen zur Tour

Ausgangsort
Heilklimatischer Kurort Hinterzarten

Anfahrt
PKW: A 5, Karlsruhe – Basel; Ausfahrt Freiburg-Mitte; B 31 durch das Dreisam- und Höllental nach Hinterzarten; Parkplatz am Bahnhof
Bahn: Station an der Linie Freiburg – Donaueschingen (Höllentalbahn); alle 30 – 60 Minuten

Zielort
Wie Ausgangsort

Bei Wanderern äußerst beliebt ist die Ravennaschlucht, die durch den Bau von Stegen und Treppen begehbar gemacht wurde.

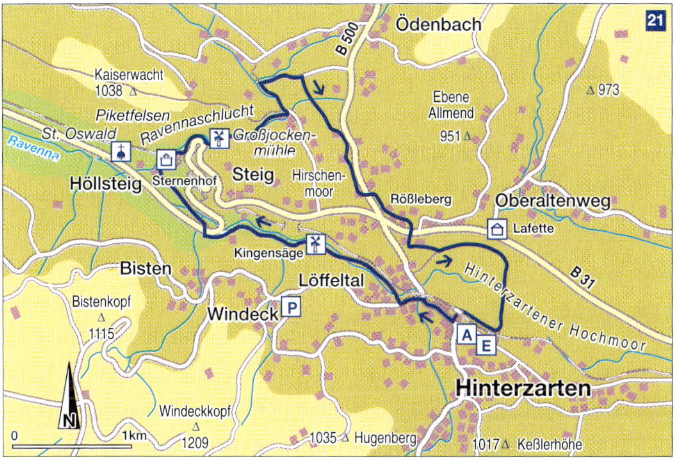

Unterkunft

• Parkhotel Adler, Adlerplatz 3, Tel. 0 76 52/1 27-0; bei der kath. Kirche (gehoben)

• Hotel Schwarzwaldhof, Freiburger Str. 2, Tel. 0 76 52/1 20 30; Ortsmitte, nahe am Bahnhof (mittel)

• JH Vettishof, Ortsteil Bruderhalde (am Titisee), Tel. 0 76 52/2 38

• Campingplätze am Titisee, u. a. Weiherhof, Tel. 0 76 52/14 68

Einkehrmöglichkeiten

Zahlreiche Cafés und Gaststätten in Hinterzarten; Hofgut Sternen (Mo geschl.); Café Ketterer (am Ende des Aufstiegs in der Ravennaschlucht); Hotel Lafette (Mi geschl.; Abstecher hin und zurück 500 m)

Öffnungszeiten

• Kingensäge im Löffeltal, Vorführungen sonn- und feiertags 13.30 – 17.30 Uhr

• Glashütte Höllental, Glasbläserei Mo/Di/Do/Fr 10 – 12 und 14 – 16 Uhr, Mi 10 – 12 Uhr

• St.-Oswald-Kapelle (Abstecher hin und zurück 800 m; Schlüssel im Hofgut Sternen)

Auskunft

Tourist Information, 79854 Hinterzarten, Tel. 0 76 52/12 06 42

Karte

Atlasco 1 : 30 000, Blatt 210 (Feldberg, Schluchsee)

22 Im südlichen Hochschwarzwald

Tourenlänge
9 km

Durchschnittliche Gehzeit
3 Std.

Etappen
Löffingen (Kirche) – Dittishausen 3 km – Schwarzwaldpark 3 km – Wallfahrtskirche Witter-Schneekreuz 1 km – Löffingen (Kirche) knapp 2 km

Steigung
220 m

Eignung für Kinder
Sehr gut geeignet (ab 6 Jahren)

Wegcharakter
Mehrere Anstiege; überwiegend auf asphaltierten Fuß- und Fahrwegen; kurzzeitig auf Straßen

Interessantes am Weg
Historische Altstadt von Löffingen; Wildpark; Wallfahrtskirche Witter-Schneekreuz

Wegmarkierung
Löffingen – Dittishausen: »V 3« (schwarze Schrift auf weißem Grund) auf Heilkräuter-Lehrpfad; Dittishausen – Schwarzwaldpark: blaue Raute; bis Wallfahrtskirche Witter-Schneekreuz: blaue Raute und grüner Punkt; bis Löffingen: grüner Punkt

Zum Schwarzwaldpark bei Löffingen

Vom Parkplatz nahe der Kirche in Löffingen gehen Sie in das Ortszentrum und folgen der ansteigenden *Oberen Hauptstraße*, dann der *Dittishauser Straße* zum Ortsrand. Sie unterqueren die B 31, Freiburg – Donaueschingen, biegen auf den zweiten rechts abzweigenden Wirtschaftsweg ab (»Heilkräuter-Lehrpfad«) und durchqueren das Tal der Mauchach. Am bewaldeten Talhang steigen Sie recht steil an zum Ortsrand von Dittishausen und folgen nach links, vorbei an einem Kinderspielplatz, der *Kapellenstraße*. Auf der Durchgangsstraße (*Taborstraße*) wenden Sie sich nach rechts, biegen nach 30 m links ab in die *Poststraße* und halten sich nach 100 m erneut links in das Sträßchen *Kapfweg*. Sie verlassen den Ort und steigen in das Tal der Mauchach hinunter, passieren einen Skilift und wenden sich am tiefsten Punkt nach rechts. Auf einem Gehweg entlang der von Löffingen herführenden Straße gehen Sie am Reitsportzentrum Hotel Tanneneck vorbei und überqueren am Rand des Schwarzwaldparks einen niederen Hügelrücken. Wieder im Tal der Mauchach angelangt, wenden

Sie sich nach rechts zum Eingang des Schwarzwaldparks, einem Wild- und Freizeitpark mit zahlreichen Tiergehegen (Wolf, Wildschwein, Luchs, Rot- und Damwild, Bison, Steinbock, Berberaffen, Bär), Spielgeräten sowie Attraktionen für Kinder wie Bumperboote, Motorradbahn, Sommer-Rodelbahn, Flugboote und Floßfahrten.
Auf demselben Weg kehren Sie zurück zur Straße – nach rechts Abstecher zum Waldbad möglich – und steigen auf einem Randstreifen entlang der Straße in Richtung Löffingen leicht an, unterqueren die B 31 und erreichen die einzeln stehende Wallfahrtskirche Witter-Schneekreuz. Die heutige Kirche wurde 1894–97 errichtet, während die kleine Holzkapelle aus der Mitte des 19. Jh. stammt. Beide dienten bzw. dienen Wallfahrern, die seit Mitte des 18. Jh. den Ort besuchen, an dem im Winter 1740 ein Reisender aus einem Schneesturm gerettet wurde und daraufhin ein Kreuz errichten ließ.
Nach wenigen Metern biegen Sie links ab auf eine Allee (*Kreuzweg*) und erreichen, parallel zur Straße, den Ortsrand von Löffingen. Kurzzeitig auf der *Maienlandstraße*, anschließend geradeaus in der *Alenbergstraße* gelangen Sie in die Ortsmitte

Außerhalb von Löffingen steht die heute noch besuchte Wallfahrtskirche Witter-Schneekreuz.

von Löffingen. Sie halten sich rechts, passieren das Maienlandtor, ein ehemaliges Stadttor, und kehren kurz darauf durch die *Kirchstraße* an Ihren Ausgangspunkt zurück.

Informationen zur Tour

Ausgangsort

Löffingen

Anfahrt

PKW: A 81, Stuttgart – Singen, Autobahndreieck Bad Dürrheim; A 864 nach Donaueschingen, B 31 in Richtung Freiburg bis Löffingen; durch

das kleine Stadtzentrum und nach links; Parkmöglichkeiten an der Kirche
Bahn: Station an der Linie Freiburg – Donaueschingen; ca. alle 60 Minuten

Zielort
Wie Ausgangsort

Unterkunft
• Schwarzwald-Parkhotel, Am Tiergehege, Tel. 0 76 54/2 39; am Schwarzwaldpark nördlich von Löffingen (mittel)
• Hotel-Pension Haus Bergfrieden, Wachtbuckstr. 17, Tel. 0 76 54/85 70; am südlichen Ortsrand (preiswert – mittel)
• Gasthaus Linde, Obere Hauptstr. 10, Tel. 0 76 54/3 54; an der Hauptdurchgangsstraße (preiswert)

Einkehrmöglichkeiten
Mehrere Gaststätten in Löffingen; in Dittishausen Schwarzwälder Hof (an Hauptstraße, Di geschl.), Landgasthaus Hilpert (Dorfstr. 16, Mi geschl.) und Rössle (Fliederstr. Mo und Di bis 17 Uhr geschl.); Reitsportzentrum

Stark frequentiertes Ausflugsziel für Familien: der Schwarzwaldpark bei Löffingen.

Landhotel Tanneneck (Mo geschl.); Hotel-Restaurant Schwarzwaldpark (Di geschl.) und Restaurant sowie Imbiß im Schwarzwaldpark

Öffnungszeiten
• Museum der Stadt Löffingen, im Gebäude der Kurverwaltung; täglich geöffnet wie Kurverwaltung
• Schwarzwaldpark, Ostern – Anfang Nov. 9 – 18 Uhr
• Waldbad, 9 – 19 Uhr

Auskunft
Kurverwaltung, Rathausplatz 14, 79843 Löffingen, Tel. 0 76 54/4 00

Karte
Atlasco 1: 30 000, Blatt 223 (Löffingen, Eisenbach etc.)

Sehenswertes in der Umgebung
Wutachschlucht, der »Grand Canyon« des Schwarzwalds

23 Durch das obere Wutachtal

Tourenlänge
12,5 km

Durchschnittliche Gehzeit
3 ½ – 4 Std.

Etappen
Bahnhof Zollhaus – Rastplatz Bühl 6,5 km – Wutachschlucht knapp 1,5 km – Bahnhof Lausheim-Blumegg knapp 5 km

Steigung
200 m

Eignung für Kinder
Sehr gut geeignet (ab 6 Jahren)

Wegcharakter
Durch hügelige Landschaft in die Wutachschlucht und bequem talabwärts; überwiegend auf Feld- und Waldwegen, ca. 2 km auf Asphalt; Rückfahrt mit der Sauschwänzlebahn (Fahrzeiten beachten!)

Interessantes am Weg
NSG Wutachflühen; Museumsbahn und Eisenbahnmuseum im Bahnhof Zollhaus

Wegmarkierung
Durchgehend Markierungstäfelchen mit schwarzer Lokomotive auf hellgrünem Grund

Mit der »Sauschwänzlebahn« zurück

Vom Bahnhof Zollhaus folgen Sie zunächst der B 27 nach links in Richtung Schaffhausen, biegen an einer Tankstelle rechts ab und gelangen zum Ortsrand von Blumberg, wo Sie auf einen Tunnel der »Sauschwänzlebahn« stoßen.

Ihren Namen erhielt die Ende des letzten Jahrhunderts erbaute Bahnlinie aufgrund der zahlreichen, teilweise in Tunnels verlaufenden Schleifen. 25 km lang ist dadurch die Bahnstrecke zwischen den Bahnhöfen Zollhaus und Weizen, obwohl die Luftlinie nur knapp 10 km beträgt. Um die 231 m Höhendifferenz überwinden zu können, wurden insgesamt vier Viadukte sowie neun Tunnels gebaut. Heute wird diese Strecke nur noch von alten Dampfzügen befahren und ist eine Attraktion für alle Eisenbahnfreunde.

Beim Tunnel überqueren Sie die Straße Blumberg – Epfenhofen und steigen am bewaldeten Buchberg an zur Ottilienhöhe (807 m).

Nach links steigen Sie wieder ab, überqueren die Bahnlinie und wenden sich kurz vor der B 314 nach rechts, talaufwärts entlang eines Bächleins. Nach mehreren Links- und Rechts-

knicks des Wegs erreichen Sie einen Parkplatz unterhalb eines Rastplatzes am Aussichtspunkt Bühl (685 m), wo Sie nach links der Zufahrt zum Parkplatz folgen und wenig später nach rechts dem Sträßchen Fützen – Achdorf hinunter in das enge Wutachtal.
Kurz oberhalb des Talgrunds wenden Sie sich nach links – Achtung: nicht schon 300 m vorher der rot-schwarzen Raute des Schwarzwald-Ostwegs folgen! – und gehen nun im Naturschutzgebiet Wutachflühen talabwärts entlang der Wutach, deren enges Tal sich zu einer felsgesäumten Schlucht verengt. Vor dem Wutach-Viadukt der Bahnlinie überqueren Sie den Fluß, wenden sich nach links und passieren die Einmündung des Baches Weilergraben.
Nach einigen hundert Metern können Sie zur Straße Grimmelshofen – Blumegg hochsteigen und ihr talabwärts zum Bahnhof Lausheim-Blumegg folgen. Wir empfehlen, weiterhin der Wutach zu folgen und erst beim Bahnhof die wenigen Meter zur Straße und zum Bahnhof Lausheim-Blumegg hochzusteigen. Per Bahn kehren Sie nach Zollhaus zurück.

Der steile Talabschnitt »Wutachflühen« steht wegen seiner artenreichen Tierwelt, natürlichen Wälder und geologischen Besonderheiten unter Naturschutz.

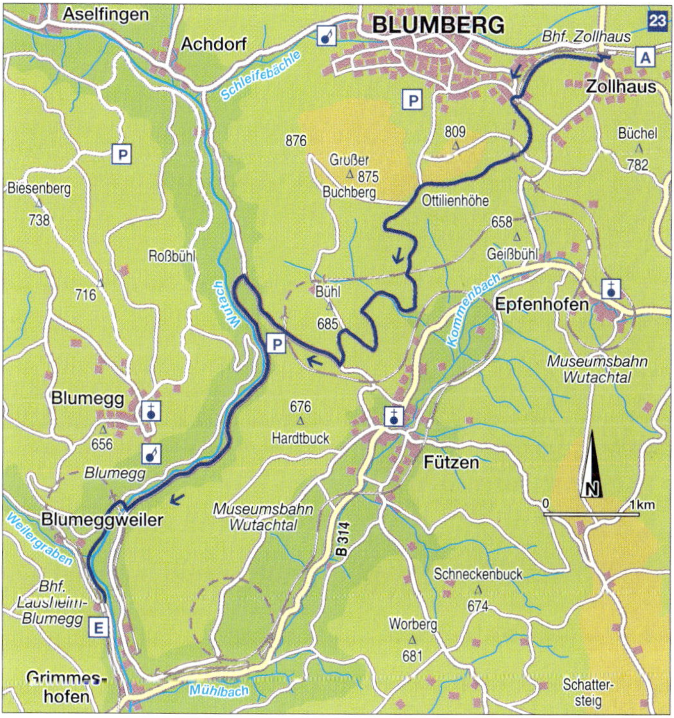

Informationen zur Tour

Ausgangsort

Bahnhof Zollhaus bei Blumberg

Anfahrt

PKW: A 81, Stuttgart – Singen, Ausfahrt Geisingen; über Kirchen-Hausen im Tal der Aitrach nach Zollhaus; Parkplatz am Bahnhof Zollhaus
Bus: Linien Blumberg – Donaueschingen und Blumberg – Riedöschingen werktags mehrmals täglich; Haltestelle Blumberg-Zollhaus

Zielort

Bahnhof Lausheim-Blumegg

Immer ein vielbestauntes Schauspiel am Bahnhof Zollhaus: die Abfahrt der alten Dampflokomotive, die an einigen Tagen im Sommer auf der »Sauschwänzlelinie« fährt.

Rückfahrt

Die Museumsbahn Blumberg-Zollhaus – Weizen verkehrt nur an einzelnen Tagen im Zeitraum Anfang Mai – Mitte Okt.: Mai – Ende Sept. Mi/Sa/So und feiertags, Juli/August zusätzlich auch Do, 1. Oktoberhälfte Fr/Sa/So; Rückfahrt ab Bhf. Lausheim-Blumegg gegen 15.45 Uhr; Fahrtdauer ca. 60 Min.; Auskunft: 0 77 02/51 27 (8 – 12 Uhr); Fahrkarten können im Zug gekauft werden; Preis für die einfache Fahrt: Erwachsene ca. DM 15,–, Kinder bis 14 J. 50 % Ermäßigung

Unterkunft

• Hotel Zollhaus, Tel. 0 77 02/25 30; in Zollhaus (mittel)

Einkehrmöglichkeiten

Kiosk und Restaurant am Bahnhof Zollhaus; Gasthaus Wutachschlucht mit Terrasse am Bahnhof Lausheim-Blumegg (Di geschl.)

Öffnungszeiten

Eisenbahnmuseum am Bahnhof Zollhaus, geöffnet jeweils 1 Std. vor und nach Abfahrt bzw. Ankunft eines Zuges

Auskunft

Fremdenverkehrsamt, Postfach 120, 78170 Blumberg, Tel. 0 77 02/51 28

Karte

Atlasco 1 : 30 000, Blatt 237 (Baar, Wutach)

Sehenswertes in der Umgebung

Schloß in Donaueschingen mit fürstenbergischer Sammlung (täglich außer Mo 9 – 12 und 13.30 – 17 Uhr)

24 Auf den östlichen Ausläufern des Schwarzwalds

Tourenlänge
8 km

Durchschnittliche Gehzeit
2 ½ Std.

Etappen
Grafenhausen – Schaffhauser Säge 2,5 km – Brauerei-Hotel Rothaus gut 2 km – Heimatmuseum Hüsli 0,3 km – Schlüchtsee gut 1 km – Grafenhausen 2 km

Steigung
230 m

Eignung für Kinder
Gut geeignet (ab 8 Jahren)

Wegcharakter
Bis Rothaus zwei Anstiege, Rückweg zum Schlüchtsee bequem bergab, anschließend leicht auf und ab nach Grafenhausen; je zur Hälfte auf ruhigen Straßen bzw. Fahrwegen und auf Wirtschafts- und Waldwegen

Interessantes am Weg
Badische Staatsbrauerei Rothaus; Heimatmuseum Hüsli; Schlüchtsee (Badesee)

Wegmarkierung
Durchgängig rotes Schrägkreuz (Andreaskreuz) auf gelbem Grund

Malerisches Heimatmuseum, idyllischer Badesee

Vom Parkplatz am Haus des Gastes im Luftkurort **Grafenhausen** gehen Sie auf der Straße *Spiechergässle* bergauf, kreuzen die Straße nach Buggenried und gelangen, vorbei an der Siedlung Bohlisch, zu den wenigen Bauernhöfen von **Signau**. Nach links gehen Sie in das bewaldete Tal des Flüßchens Mettma hinunter, wenden sich noch vor der Brücke an der **Schaffhauser Mühle** nach rechts auf den *Rothauser Weg* und steigen, flußaufwärts, am Talhang an. Vorbei an einem Skilift gelangen Sie in den weit auseinandergezogenen Weiler **Brünlisbach** und erreichen, immer geradeaus auf der Straße *Brünlisbach*, die Badische Staatsbrauerei **Rothaus**, die höchstgelegene Brauerei Deutschlands.

Von der Straßenkreuzung an der Brauerei folgen Sie nach rechts der Straße in Richtung Grafenhausen und biegen nach 100 m links ab auf einen schmalen Fußweg (hier keine Ausschilderung), der zum **Heimatmuseum Hüsli** führt. Das heimelig wirkende, von einem blühenden Garten umgebene Schwarzwald-Häuschen wird manchem bekannt vorkommen,

denn es diente in der Fernsehserie »Schwarzwaldklinik« als Wohnsitz des Fernsehdoktors Brinkmann. In Wirklichkeit wohnte hier einst eine Sängerin, die sich das Haus im Jahr 1911 als Altersruhesitz erbauen ließ und es mit Einrichtungsgegenständen aus alten Höfen der Umgebung ausstattete: mit bemalten Bauernmöbeln, Uhren, Geschirr, Haushaltsgeräten sowie einem Kachelofen mit beheizbaren Bänken.
Durch Wald erreichen Sie bequem den in einem Naturschutzgebiet gelegenen Schlüchtsee – einst ein Mühlen-Stauweiher, heute ein beliebter Badesee. Entlang des Ostufers mit dem Badeplatz gehen Sie zum Südufer, kreuzen am Schlüchtseehof schräg nach rechts ein Sträßchen und folgen der Schlücht talabwärts. Sie überqueren den Bach, halten sich wenig später auf einem Fahrweg geradeaus und an einer Wegkreuzung leicht nach rechts zum Ortsrand von Grafenhausen. Nach Überqueren der *Hauptstraße* folgen Sie der Straße *Kirchsteig* hinunter in die Ortsmitte und kehren nach rechts zu Ihrem Ausgangspunkt zurück.

Informationen zur Tour

Start

Ausgangsort

Grafenhausen

Anfahrt

PKW: A 5, Karlsruhe – Basel, Ausfahrt Freiburg-Mitte; B 31 über Freiburg nach Titisee, rechts abbiegen auf B 317/B 500, in Bärental links abbiegen; B 500 nach Schluchsee; bei Seebrugg am Südostende des Schluchsees links abbiegen und bei Rothaus rechts abbiegen nach Grafenhausen; Parkplatz am Haus des Gastes/Hallenbad
Bus: Verbindung vom Bhf. Seebrugg Mo – Fr mehrmals täglich, Sa/So 3x; von Bonndorf bzw. St. Blasien Mo – Fr mehrmals täglich, Sa/So nur 1x; Haltestelle vor der Grundschule in der Ortsmitte von Grafenhausen

Ziel

Zielort

Wie Ausgangsort

Vielen Fernsehzuschauern bekannt ist das Heimatmuseum Hüsli, in dem Szenen der Serie »Schwarzwaldklinik« gedreht wurden.

Unterkunft

• Hotel Tannenmühle, Tannenmühlenweg 5, Tel. 0 77 48/2 15; 2 km südöstlich von Grafenhausen (mittel)
• Hotel Bergkrone, Schaffhauser Str. 14, Tel. 0 77 48/3 24; Ortsmitte Grafenhausen (preiswert)
• Gasthaus-Pension Linde, Kirchsteig 10, Tel. 0 77 48/2 74; Ortsmitte Grafenhausen (preiswert)
• Campingplatz Speckhuisli-Rothaus, Mettmatalstr. 2, Tel. 0 77 48/8 00; westlich von Rothaus bei Amertsfeld

Einkehrmöglichkeiten

Mehrere Gaststätten in Grafenhausen; in Brünlisbach u. a. Dorfkrug (Mo geschl.); Hotel-Restaurant Kurhaus Rothaus (kein Ruhetag); Kiosk beim Heimatmuseum Hüsli

Öffnungszeiten

• Heimatmuseum Hüsli 1. 4.–30. 9. Di–Sa 9.30–12 und 13.30–17.30, So 13.30–17.30 Uhr; 1. 10.–31. 3. Di–Sa 10–12 und 13.30–17 Uhr, So 13.30–17 Uhr

Auskunft

Kurverwaltung, 79865 Grafenhausen, Tel. 0 77 48/5 20 41

Karte

Atlasco 1 : 30 000, Blatt 224 (Bonndorf, Grafenhausen etc.)

Sehenswertes in der Umgebung

Museumsmühle – originalgetreu nachgebaute Mühle – beim Hotel Tannenhof, 2 km südöstlich von Grafenhausen; täglich außer Di 13–18 Uhr

25 Durch das Albtal

Tourenlänge
12 km

Durchschnittliche Gehzeit
3 – 3 ½ Std.

Etappen
Menzenschwand-Hinterdorf – Vorderdorf 1,5 km – Straße St. Blasien – Bernau knapp 4 km – Glashofsäge 2,5 km – St. Blasien (Freibad) knapp 2 km – Ortsmitte 2 km

Steigung
50 m

Eignung für Kinder
Gut geeignet (ab 8 Jahren)

Wegcharakter
Bequeme Streckenwanderung talabwärts entlang des Flüßchens Menzenschwander Alb; kein nennenswerter Anstieg; überwiegend auf Forstwegen

Interessantes am Weg
Zahlreiche große Bauernhöfe in Menzenschwand; Kurort St. Blasien mit Dom

Wegmarkierung
Menzenschwand-Hinterdorf – Vorderdorf: roter Kreis; anschließend bis St. Blasien: blaue Raute

Von Bilderbuchdorf zu Kuppelkirche

Von der Kurverwaltung in Menzenschwand-Hinterdorf folgen Sie nach rechts einem Fußweg, überqueren die Menzenschwander Alb und gehen auf der Talsohle bequem talabwärts nach Menzenschwand-Vorderdorf.
Kurz nach Überqueren des Schwinbachs wenden Sie sich nach links zur Ortsdurchfahrt, folgen ihr talabwärts 150 m weit und biegen rechts ab.
Sie überqueren erneut die Menzenschwander Alb, folgen auf dem Talgrund einem Wirtschaftsweg (*Holzmättleweg*) und kreuzen eine nach Bernau führende Straße. Ein Forstweg (*Klusenweg*) führt weiter talabwärts entlang des Baches und mündet in ein Sträßchen ein, das nach rechts zur Glashofsäge führt.
Gleich nach den Gebäuden wenden Sie sich nach links auf einen Fußweg, passieren zunächst eine Engstelle zwischen dem Flüßchen und einer Felswand, dann das Freibad und die Sportanlagen von St. Blasien. Wenig später unterqueren Sie am Ortsrand von St. Blasien eine Umgehungsstraße und folgen nach rechts einem Sträßchen, das am Friedhof vorbeiführt.
Im Ort kreuzen Sie die *Todtmooser Straße*, halten sich nach wenigen

Menzenschwand – Bilderbuchdorf aufgrund der gut erhaltenen Höfe.

Metern links durch einen Torbogen, passieren das Haus des Gastes mit Museum und erreichen auf einem Fußweg durch den Kurpark – linker Hand an der Fassade eines ehemaligen Klostergebäudes eine barocke Sonnenuhr (Mitte 18. Jh.) – den Dom.
Die Kuppelkirche mit Säulenvorhalle und Rotunde ist in ihren Ausmaßen beeindruckend. Weiß sind die 16–18 m hohen marmorierten Säulen sowie der Marmorfußboden, farbig ist das Deckengemälde, das den Gründer des Klosters zeigt, den Adligen Reginbert, mit dessen Unterstützung im 11. Jh. aus einer Mönchszelle (bestehend seit 858) eine Abtei wurde, die bis 1806 bestand. Die heutige Kirche ist ein Wiederaufbau der durch einen Brand zerstörten klassizistischen Kuppelkirche (1772–1781); im Kloster ist heute ein Jesuitenkolleg untergebracht.
Über den Dom-Vorplatz gehen Sie zur *Hauptstraße* und nach links wenige hundert Meter weit, vorbei am Haus Schmidt mit seinen Arkaden und verspielten Holzgalerien, zum Busbahnhof. Mit dem Bus kehren Sie nach Menzenschwand-Hinterdorf zurück.

Informationen zur Tour

Ausgangsort

Menzenschwand-Hinterdorf

Anfahrt

PKW: A 5, Karlsruhe – Basel, Ausfahrt Freiburg-Mitte; B 31 über Freiburg nach Titisee, rechts abbiegen auf die B 500/B 317; in Bärental links abbiegen auf die B 500, am

Beginn des Schluchsees rechts abbiegen nach Menzenschwand; Parkplatz in Menzenschwand-Hinterdorf bei der Kurverwaltung

Zielort

Kurort St. Blasien

Rückfahrt

Mit dem Bus St. Blasien – Schluchsee vom Busbahnhof St. Blasien zur Haltestelle Hirschen in Menzenschwand; Abfahrten mehrmals täglich; letzte Abfahrt Mo – Sa gegen 18, So gegen 17 Uhr; Auskunft SüdbadenBus St. Blasien, Tel. 0 76 72/1 94 49

Unterkunft

• Hotel Sonnenhof, Vorderdorfstr. 58, Tel. 0 76 75/5 01; im Ortsteil Vorderdorf (mittel)

• Hotel Hirschen, Menzenschwand, Hinterdorfstr. 18, Tel. 0 76 75/8 84; Ortsmitte Hinterdorf (preiswert)

• Mehrere Gästehäuser, u. a. Gästehaus Berghof, Menzenschwand, Hinterdorfstr. 32, Tel. 0 76 75/5 61; Ortsmitte Hinterdorf (preiswert)

• JH, Vorderdorfstr. 10, Tel. 0 76 75/3 26; im Ortsteil Vorderdorf

Einkehrmöglichkeiten

Mehrere Gasthöfe bzw. Cafés in Menzenschwand und St. Blasien

Öffnungszeiten

• Museum des Landkreises Waldshut, im Haus des Gastes in St. Blasien, täglich außer Mo 14.30–17; informiert über Geschichte, Kultur, Fauna und Flora der Gegend um St. Blasien

• Dom, Mai – Sept. 8 – 18.30 Uhr, Okt. – April bis 17.30 Uhr

Auskunft

Tourist Information, Hinterdorfstr. 15, 79837 Menzenschwand, Tel. 0 76 75/93 09-0

Karte

Atlasco 1 : 30 000, Blatt 211 (Menzenschwand, Bernau etc.)

Sehenswertes in der Umgebung

Museen in Bernau: Resenhof und Hans-Thoma-Museum (siehe Tour 26)

26 Zur Almwirtschaft Krunkelbachhütte

Tourenlänge
11,5 km

Durchschnittliche Gehzeit
4 – 4 1/2 Std.

Etappen
Bernau-Innerlehen – Bernau-Dorf 1,5 km – Krunkelbachhütte 3,5 km – Bernau-Hof knapp 3 km – Bernau-Poche knapp 2 km – Bernau-Innerlehen 1,5 km

Steigung
370 m

Eignung für Kinder
Bedingt geeignet (ab 9–10 Jahren)

Wegcharakter
Entlang der Bernauer Alb talaufwärts, anschließend langer, steiler Anstieg zur Krunkelbachhütte; steiler Abstieg und bequem talabwärts

Interessantes am Weg
In Innerlehen das Hans-Thoma-Museum; in Dorf mehrere Kunsthandwerker, u. a. Holzschnitzer; bewirtschaftete Alm Krunkelbachhütte

Wegmarkierung
Bernau-Innerlehen – Dorf: blaue Raute; bis Krunkelbachhütte: blauer Punkt (Hans-Thoma-Weg); bis Hof: roter Punkt; bis Innerlehen: blaue Raute (Albweg)

Auf den Spuren von Hans Thoma

Vom Kurhaus-Parkplatz in Bernau-Innerlehen gehen Sie auf einem Fußweg hinunter in die Ortsmitte, wo sich das Hans-Thoma-Museum befindet. Der Maler Hans Thoma (1839–1924) ist in Oberlehen geboren und aufgewachsen; das Museum vermittelt einen Einblick in sein vielseitiges Werk.
Sie überqueren die Ortsdurchfahrt und folgen dem Sträßchen *Im Moos*. Nach 100 m halten Sie sich rechts, folgen der Bernauer Alb talaufwärts und erreichen nach Überqueren des Flüßchens die malerische Ortschaft Bernau-Dorf. In einigen der großen Bauernhäuser leben und arbeiten heute Kunsthandwerker.
Auf der Straße *Schulweg* und nach links auf der *Dorfstraße* gelangen Sie zum Ortsrand, wenden sich nach rechts und steigen wenig später nach links zum Aussichtspunkt Scheibenfelsen hoch (*Hans-Thoma-Weg*). An einer Weggabelung halten Sie sich geradeaus, steigen zunehmend steiler am Hang des Spießhorns (1349 m) an und kreuzen auf halber Hanghöhe das zur Krunkelbachhütte führende Sträßchen. Einem querlaufenden Weg folgen Sie nach links, erreichen in nun sanfterem An-

stieg unterhalb des Kleinen Spießhorns den Waldrand und gelangen zwischen Viehweiden einige Minuten später zur Alm Krunkelbachhütte, einer gemütlichen Einkehrmöglichkeit. Von der Krunkelbachhütte gehen Sie zum Parkplatz hinunter und geradeaus auf das Herzogenhorn (1415 m) zu, umrunden nach links eine niedere Erhebung und halten sich im Wald an einer Weggabelung nach links steil bergab. In mehreren Kurven steigen Sie im engen Tal des Schwemmbachs ab, verlassen den Wald und erreichen die wenigen Bauernhöfe von Bernau-Hof.
Der *Dorfstraße* folgen Sie nach links, verlassen sie aber am Gasthaus Bernauer Hof leicht nach rechts (*Gartenweg*). Sie überqueren die Bernauer Alb und gehen entlang des Flüßchens bequem talabwärts. Bei der Siedlung Poche kreuzen Sie die Straße, die in das Wiesental führt, halten sich leicht links und gelangen auf dem *Albweg*, stets entlang der Bernauer Alb, zur Straße Bernau-Dorf – Innerlehen. Auf demselben Weg, auf dem Sie die Wanderung begonnen haben, kehren Sie zu Ihrem Ausgangspunkt zurück.

Informationen zur Tour

Ausgangsort

Bernau-Innerlehen

Anfahrt

PKW: A 5, Karlsruhe – Basel, Ausfahrt Freiburg-Mitte; B 31 über Freiburg bis Titisee; rechts abbiegen auf die B 500/B 317; in Bärental links abbiegen, am Beginn des Schluch-

Typisch für die Besiedlung des Südschwarzwalds ist Bernau mit seinen weit auseinander liegenden Ortsteilen.

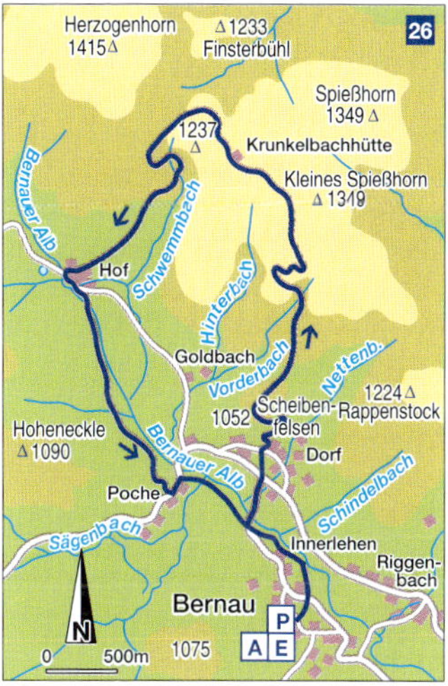

sees rechts abbiegen, an Menzenschwand vorbei in Richtung St. Blasien und nach 6 km rechts abbiegen nach Bernau; im Ortsteil Innerlehen ein ausgeschilderter Parkplatz am Kurhaus

Bus: Vom Bhf. Seebrugg Verbindung nach St. Blasien, von dort nach Bernau; ebenso Verbindung St. Blasien – Todtnau über Bernau, Mo–Sa täglich, So reduziert; Haltestelle Rathaus in Innerlehen

Zielort

Wie Ausgangsort

Unterkunft

- Gasthaus Schwarzwaldhaus, Am Kurpark 26, Tel. 07675/365; an Hauptstraße in Innerlehen (preiswert)
- Gästehaus Bergfrieden, Am Kurpark 16, Tel. 07675/242; in Innerlehen nahe bei Kurhaus (preiswert)
- Campingplatz Spitzenberg, Tel. 07675/1600; zwischen Innerlehen und Ortsteil Dorf

Einkehrmöglichkeiten

In Innerlehen mehrere Gaststätten; Almwirtschaft Krunkelbachhütte (Di geschl., sonst bis 19 Uhr geöffnet); in Bernau-Hof Gasthaus Bernauer Hof (erbaut im Jahr 1600)

Öffnungszeiten

- Hans-Thoma-Museum in Innerlehen, Di–Fr 10–12 und 14–17 Uhr, Sa/So und feiertags 10.30–12 und 14–17 Uhr; 15.11.–10.12. geschl.

Auskunft

Tourist Information, Rathausstr. 18, 79872 Bernau, Tel. 07675/1600-30 oder 1600-31

Karte

Atlasco 1:30000, Blatt 211 (Menzenschwand, Bernau etc.)

Sehenswertes in der Umgebung

In Bernau-Oberlehen Holzschnefler- und Bauernmuseum Resenhof, 1.5.–31.10. Di–So 14–17 Uhr, Juli/August auch Di–So 10–12 Uhr; 1.11.–30.4. (außer 1.11.–25.12.) Mi/So 14–16. Ebenfalls in Oberlehen, Hans-Thoma-Geburtshaus, Di–So 10–12 und 14–17 Uhr

27 Im Zentrum des Hochschwarzwalds

Tourenlänge
16 km

Durchschnittliche Gehzeit
4 – 5 Std.

Etappen
Belchenhaus – Belchen knapp 1 km – Breitnau 6 km – Kloster St. Trudpert knapp 6 km – Münstertal (Bhf.) 3 km

Steigung
220 m

Eignung für Kinder
Gut geeignet (ab 9 – 10 Jahren)

Wegcharakter
Zu Beginn kurzer Anstieg zum Gipfel des Belchen, dann auf Waldwegen streckenweise steil bergab nach St. Trudpert im Münstertal, insgesamt 1250 m Abstieg; am Talhang in leichtem Auf und Ab talabwärts

Interessantes am Weg
NSG und Aussichtsberg Belchen; Kloster St. Trudpert; Waldmuseum in Münstertal

Wegmarkierung
Belchen – Heidstein (1274 m): rote Raute (Westweg); bis kurz vor Breitnau: schwarzer Kreis; Breitnau – Münstertal: blaue Raute

Vom Belchen hinunter ins Münstertal

Vom Belchenhaus folgen Sie einem breiten Weg nach rechts, biegen nach wenigen hundert Metern links ab und steigen zum Gipfel des kahlen Belchen hoch. Mit 1414 m ist er der dritthöchste Berg im Schwarzwald und aufgrund der phantastischen Aussicht vom Gipfel seit dem Bau des Belchenhauses im Jahr 1867 stark frequentiert. Die Anfang des Jahrhunderts gebaute Straße, die beinahe bis zum Gipfel führt, verstärkte den Touristenstrom, so daß es notwendig wurde, diese Straße an Wochenenden für den Individualverkehr zu sperren, um das Naturschutzgebiet Belchen zu bewahren.

Auf gleichem Weg kehren Sie an den Hang zurück und steigen nach links am bewaldeten Nordhang in einigen Kehren steil ab. In der Nähe des Parkplatzes Krinne kreuzen Sie einen Fahrweg und steigen am Südwesthang des Heidsteins (1274 m) etwas an, am Nordwesthang wieder ab zu einer Weggabelung. Während der Westweg nach rechts weiterführt, halten Sie sich geradeaus und erreichen auf der Scheitelhöhe eines Bergrückens das Gehöft Breitnau. Nach links ge-

Das landschaftlich reizvolle Münstertal mit seinen alten, verstreut liegenden Schwarzwaldhöfen ist als Urlaubsgebiet beliebt.

hen Sie am Hang des Breitnauer Kopfs (1121 m) entlang – zur Linken das steil eingeschnittene Tal des Muldenbachs – und am Nordhang des Schindelkopfs (861 m) in einigen Kurven und Kehren steiler bergab, kreuzen dabei dreimal einen Wirtschaftsweg und erreichen entlang eines Bächleins schließlich das Kloster St. Trudpert im Münstertal. Aus einer frühchristlichen Mönchszelle hatte sich ein Benediktinerkloster entwickelt, das nach der Zerstörung im 30jährigen Krieg unter der Bauleitung von Peter Thumb im barocken Stil wiederaufgebaut wurde (1715–22); heute ist das Kloster das Mutterhaus der St.-Josef-Schwestern. Dem Gehweg an der *Talstraße* folgen Sie 300 m weit talabwärts, biegen rechts ab in die Straße *Moosweg* und wenden sich nach 50 m scharf nach links. Am Talhang, einige Meter oberhalb der Talsohle des Flüßchens Neumagen, gehen Sie nun in leichtem Auf und Ab talabwärts. Sie passieren den zu Münstertal gehörenden Ortsteil Neubruck, biegen oberhalb des Ortsrands von Münster links ab (Ausschilderung: Bahnhof) und folgen einem asphaltierten Fußweg, anschließend dem Sträßchen *Laisackerweg* in den Ort hinunter. Auf der *Talstraße* wenden Sie sich nach rechts – zur Linken das Rathaus mit Waldmuseum – und erreichen kurz darauf den Bahnhof.

Informationen zur Tour

Ausgangsort

Gaststätte Belchenhaus am Belchen (1414 m)

Anfahrt

PKW: A 5, Karlsruhe – Basel, Ausfahrt Bad Krozingen; über Bad Krozingen und Staufen nach Münstertal; Parkplatz am Bahnhof
Bahn: Münstertalbahn Bad Krozingen – Münstertal, täglich mehrmals
Bus: Vom Bhf. Münstertal Fahrt zum Belchen mit dem Bus, Abfahrt täglich gegen 13.30 Uhr; von Anfang Juli – Anfang Okt. fährt zusätzlich der Wanderbus gegen 9, 10 und 12 Uhr; Dauer ca. 55 Min.; Auskunft SüdbadenBus in Freiburg, Tel. 0761/3 6172

St. Trudpert – im 7. Jh. Einsiedelei des hl. Trudpert und Keimzelle der Besiedlung der Umgebung.

Zielort

Bahnhof Münstertal

Unterkunft

• Spielweg Romantik-Hotel, Spielweg 61, Tel. 0 76 36/70 90; im Ortsteil Spielweg in Obermünstertal (gehoben)
• Adler-Stube, Ringhotel Münstertal, Münster 59, Tel. 0 76 36/2 34; an der Straße in Richtung Obermünstertal (mittel – gehoben)
• Pension Schwarzwaldcafé, Wasen 37, Tel. 0 76 36/2 48; am Bahnhof Münstertal (preiswert)
• Campingplatz im Ortsteil Dietzelbach, Tel. 0 76 36/3 53

Einkehrmöglichkeiten

Gasthaus Belchenhaus am Belchen (Mo geschl.); Café-Restaurant Kreuz am Kloster St. Trudpert; Gasthof Adler, an Hauptstraße in Münstertal (Di/Mi geschl.); Gasthaus Löwen und Café Schwarzwaldblick beim Bahnhof Münstertal

Öffnungszeiten

- Kirche des Klosters St. Trudpert, tägl. außerh. der Gottesdienste geöffn.
- Waldmuseum im Rathaus von Münstertal, Mitte Mai – Mitte Okt., Mi/Sa 14–17 Uhr

Auskunft

Tourist Information, Rathaus, Wasen 47, 79244 Münstertal, Tel. 076 36/707-30 oder 40

Karte

Atlasco 1 : 30 000, Blatt 215 (Freiburg-Süd)

Sehenswertes in der Umgebung

Besucherbergwerk Teufelsgrund im Ortsteil Mulden, 15. 6.–15. 9. täglich außer Mo; 1. 4.–14. 6. und 16. 9.–31. 10. Di/Do/Sa/So; 1.–30. 11. nur Sa/So; jeweils 14–17 Uhr

28 Im Breisgau

Tourenlänge
13,5 km

Durchschnittliche Gehzeit
Ca. 4 Std.

Etappen
Staufen – Grunern gut 1 km – Ziegelhof 3 km – Sulzburg 3 km – Kirche St. Cyriak knapp 0,5 km – Parkplatz Kastelhof knapp 2 km – Grunern 2,5 km – Staufen 1,5 km

Steigung
260 m

Eignung für Kinder
Gut geeignet (ab 8 Jahren)

Wegcharakter
Mehrere kurze Anstiege; überwiegend auf Weinberg- und Wirtschaftswegen, ca. 5 km auf ruhigen Straßen

Interessantes am Weg
In Grunern Weingut Köpfer mit Baumkelter; in Sulzburg Landesbergbaumuseum und romanische Kirche St. Cyriak; historische Altstadt von Staufen

Wegmarkierung
Staufen – Grunern – Sulzburg und zurück bis kurz vor Kastelhof: Rebe in roter Raute (»Markgräfler Wii-Wegli«); anschließend bis Grunern: gelber Punkt (Bettlerpfad); bis Staufen: Rebe in roter Raute

Auf Weinwegen zum Bergbaustädtchen Sulzburg

Vom Parkplatz in Staufen gehen Sie entlang des Flüßchens Neumagen 50 m flußaufwärts, überqueren das Flüßchen, wenig später die Durchgangsstraße sowie die Bahnlinie Bad Krozingen – Münstertal und passieren auf einem Fußweg einen Schul- und Sportkomplex. Ein weiterführender Wirtschaftsweg kreuzt ein Sträßchen und führt nach Grunern, wo Sie der *Dorfstraße* nach rechts folgen, vorbei am Weingut Köpfer und einer Baumkelter.
In der Ortsmitte biegen Sie links ab in die *Storchenstraße*, wenden sich am Ortsrand nach rechts und steigen in den Weinbergen am Hang des Fohrenbergs an. Oberhalb der Ortschaft Ballrechten knickt der Weg scharf links ab und führt wenig später zum Ziegelhof hinunter. Sie durchqueren ein Tal, steigen zwischen Weinfeldern am Hang des Kastelbergs wieder an, umrunden den Kastelberg (mit Burgruine) und folgen nach rechts einem Sträßchen zum Ortsrand von Sulzburg.
Sie halten sich geradeaus, überqueren den Sulzbach und gelangen auf der *Hauptstraße* nach links durch ein Stadttor in das Zentrum der kleinen Stadt.

Mittelpunkt ist der Marktplatz mit Brunnen, barockem Rathaus, Resten des einstigen Schlosses der badischen Markgrafen und mit der ehemaligen Stadtkirche, in der heute das Landesbergbaumuseum untergebracht ist, das über die Geschichte des Bergbaus in Sulzburg informiert: Im Sulzbachtal wurde zwischen dem 10. und 18. Jh. Silber abgebaut.

Nach Passieren des Marktplatzes folgen Sie der links abzweigenden *Klostergasse* über den Sulzbach und wenden sich nach links zur Kirche St. Cyriak. Die Kirche des ehemaligen Benediktinerinnenklosters (993) ist eine der ältesten und historisch wertvollsten Kirchen in Süddeutschland: zwei Seitenschiffe sowie ein schlichtes Langschiff mit erhöhtem Altarraum, unter dem sich eine Krypta mit gewölbter Decke befindet, die von einer einzigen Mittelsäule gestützt wird.

Durch die *Klostergasse* kehren Sie zurück, halten sich aber nach Überqueren des Sulzbachs rechts in die *Gustav-Weil-Straße* und erreichen, vorbei an der restaurierten ehemaligen Synagoge der israelitischen Gemeinde Sulzburgs, das Stadttor. Auf demselben Weg, auf dem Sie zuvor nach Sulzburg gelangten, verlassen Sie das Städtchen und

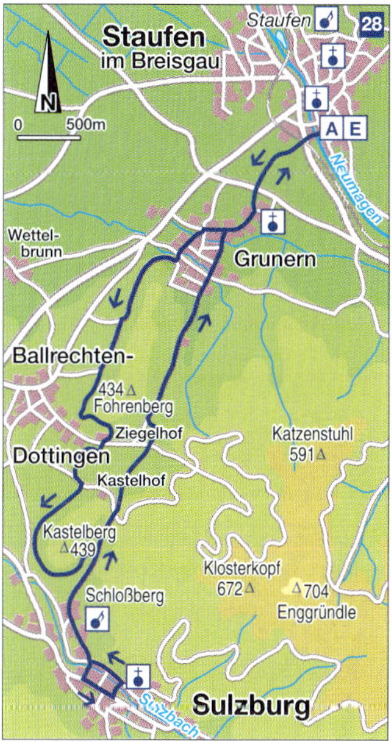

folgen, wo die Markierung des Wii-Wegli nach links zum Kastelberg weist, dem Sträßchen geradeaus zu einem Parkplatz beim Kastelhof.

Weiter geradeaus steigen Sie in einem engen Tal an – zu Ihrer Linken der Fohrenberg –, gelangen zwischen Weinbergen nach Grunern und zur *Dorfstraße* in der Ortsmitte. Nach rechts kehren Sie auf demselben Weg, auf dem Sie von Staufen nach Grunern gelangten, zurück nach Staufen.

Mittelalterlichen Charakter hat sich das Städtchen Staufen bewahrt, das von der Burgruine gleichen Namens überragt wird.

Vom Parkplatz lohnt sich ein kurzer Abstecher in die historische Altstadt mit »Bächle«, Weinbrunnen, idyllischem Marktplatz, Renaissance-Rathaus, Barockhäusern und traditionsreichen Einkehrmöglichkeiten wie dem Gasthof Löwen in der *Hauptstraße*. Eine Malerei an der Hauswand erzählt die Legende, wie der Doctor Faustus im Gasthof im Zimmer Nr. 5 vom Teufel geholt worden sei. Eher zutreffend ist, daß der Alchimist beim Versuch, Gold herzustellen, durch eine Explosion getötet wurde. Überragt wird die kleine Stadt durch die Burgruine Staufen (12. Jh.), die auf einem Bergkegel steht, einem »Stauf«, wie solche freistehenden, spitzen Berge im Mittelalter genannt wurden.

Informationen zur Tour

Ausgangsort

Staufen im Breisgau

Anfahrt

PKW: A 5, Karlsruhe – Basel, Ausfahrt Bad Krozingen; über Bad Krozingen nach Staufen, von der Durchgangsstraße an Kirche links abbiegen (Ausschilderung: P Stadt-

mitte) und sofort nach der Brücke über das Flüßchen Neumagen rechts zum Parkplatz
Bahn: Mehrmals täglich Münstertalbahn Bad Krozingen – Münstertal, Haltepunkt Staufen-Süd (liegt direkt am Weg; gleich am Haltepunkt über die Gleise zum »Wii-Wegli«)

Zielort

Wie Ausgangsort

Unterkunft

- Hotel Krone, Hauptstr. 30, Tel. 07633/5840; im Zentrum von Staufen (mittel – gehoben)
- Gasthaus zum Löwen, Hauptstr. 47, Tel. 07633/7078; historisches Haus am Marktplatz von Staufen (mittel)
- Privatzimmer, u.a. Haus Hermann, Jägergasse 12, Tel. 07633/7726; Ortsmitte Staufen (preiswert)
- Campingplatz Belchenblick, Tel. 07633/7045; kurz nach Ortsende von Staufen in Richtung Münstertal

Einkehrmöglichkeiten

In Grunern Landgasthof Bären-Bad; in Sulzburg Café und Gasthäuser, u.a. Hirsch (Mo/Di geschl., gepflegtes Speiselokal); in Staufen mehrere Gasthäuser, u.a. Löwen (Fauststube, So ab 18 Uhr geschl.) und Krone (historisches Gasthaus)

Öffnungszeiten

- Landesbergbaumuseum in Sulzburg, täglich außer Mo 14 – 17 Uhr
- Keramik-Museum in Staufen, Wettelbrunner Str. 3, ganzjährig geöffnet Di – Sa 15 – 18.30, So 11 – 18 Uhr
- Stadt-Museum in Staufen am Marktplatz, ganzjährig Sa/So 15 – 18 Uhr

Auskunft

Verkehrsamt, Hauptstr. 53, 79219 Staufen i. Br., Tel. 07633/805-36

Karte

Atlasco 1 : 30 000, Blatt 215 (Freiburg Süd)

Sehenswertes in der Umgebung

Burgruine Staufen; Anstieg nur zu Fuß möglich

Eine der ältesten Kirchen Süddeutschlands: St. Cyriak in Sulzburg, Überrest eines einstigen Klosters.

29 Im Markgräfler Land

Tourenlänge
16 km

Durchschnittliche Gehzeit
5 – 6 Std.

Etappen
Kandern – Burgruine Sausenburg 4,5 km – Schloß Bürgeln 5 km – Parkplatz St. Johannis Breitehof knapp 2 km – Kandern (Freibad) 3,5 km – Ortsmitte 1 km

Steigung
610 m

Eignung für Kinder
Bedingt geeignet (ab 9–10 Jahren)

Wegcharakter
Steile Anstiege zur Burgruine Sausenburg und zum Schloß Bürgeln; von Bürgeln bequem bergab; nahezu durchgehend auf Forst- und Waldwegen, kurze Abschnitte auf asphaltierten Wirtschaftswegen

Interessantes am Weg
Töpfereien in Kandern; Burgruine Sausenburg; Schloß Bürgeln

Wegmarkierung
Durchgehend gelber Punkt; außerdem Kandern – Vogelbach: rote Raute (Westweg), blauer Balken und drei schwarze Rechtecke auf gelbem Grund (Interregio-Weg)

Von der Töpferstadt Kandern zum Schloß Bürgeln

Vom Rathaus in Kandern gelangen Sie auf einem Fußweg über das Flüßchen Kander zum Blumenplatz, einer klassizistischen Platzanlage, und folgen der *Hauptstraße* nach rechts. In der links abzweigenden *Ochsengasse*, vorbei am Friedhof und an der katholischen Kirche, verlassen Sie Kandern und steigen über die Erhebung Häßlerköpfle (478 m) zum Mohrensattel hoch. Zunächst führt der Weg in leichtem Auf und Ab weiter und steigt dann steiler an zur Ruine Sausenburg (665 m; Rundblick), im 13./14. Jh. Sitz der Markgrafen von Sausenberg; der Hauptort ihrer Herrschaft war Kandern.

Recht bequem gelangen Sie zu einer Lichtung – zur Rechten das Dörfchen Vogelbach –, halten sich leicht links und steigen in ein Seitental des Lippisbachs ab. Sie überqueren den Lippisbach und das zum Weiler Käsacker führende Sträßchen, steigen steil an und folgen nach rechts einem Forstweg, der in die Zufahrtsstraße des Schlosses Bürgeln einmündet. Nach links führt ein breiter Fahrweg durch eine Parkanlage zum Schloß, von dem aus man einen herrlichen Ausblick genießt. In dem heuti-

gen Bau, Mitte des 18. Jh. in barockem Stil an der Stelle eines verfallenen Klosters erbaut, finden Führungen durch die im Stil der damaligen Zeit möblierten Räume sowie die ausgemalte Kapelle statt.
Beim Verlassen des Schlosses halten Sie sich nach links bergab, an einer Weggabelung rechts und stoßen auf einen Forstweg, dem Sie geradeaus folgen. Während am Ende einer Lichtung der Forstweg links abknickt, gehen Sie geradeaus weiter und erreichen einen querlaufenden Weg, der nach rechts zur Straße Kandern – Obereggenen führt. Sie kreuzen die Straße und halten sich gleich darauf an einem Parkplatz beim St. Johannis Breitehof geradeaus auf einen Wirtschaftsweg (*Enzenbergweg*), der in leichtem Auf und Ab am Waldrand entlangführt. Oberhalb von Sitzenkirch biegen Sie rechts ab, halten sich gleich darauf links und steigen bequem hinunter in das Tal des Lippisbachs.
Kurz vor Kandern passieren Sie einen Campingplatz, wenden sich vor einem Freibad nach rechts auf den *Flühweg* und bei

Im Sommer macht der Blumenplatz, eine rechteckige Anlage im Zentrum von Kandern, seinem Namen alle Ehre.

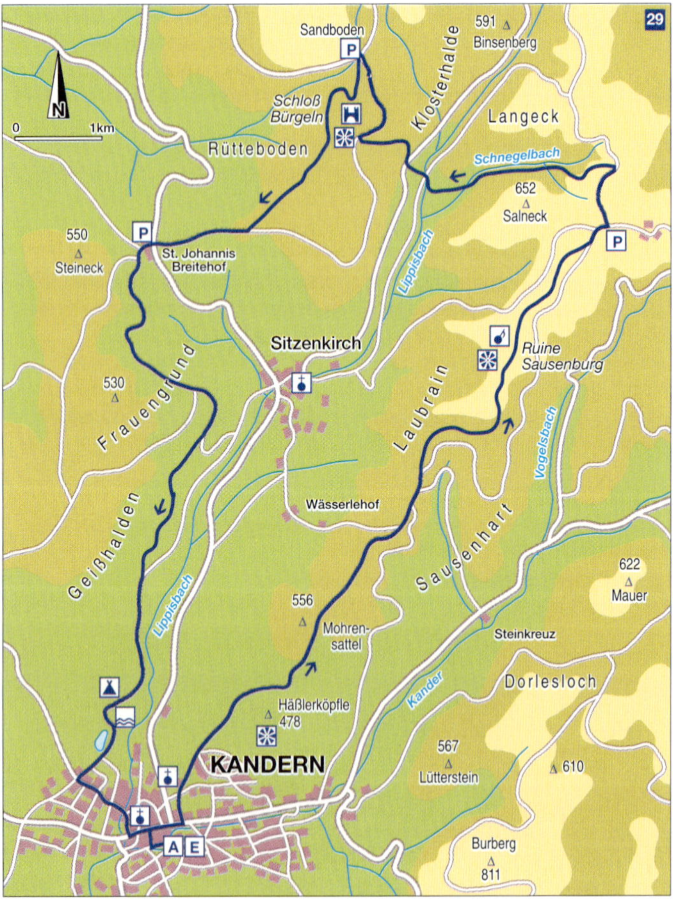

den ersten Häusern von **Kandern** nach links in die *Feuerbacher Straße*, die im Ortszentrum in die *Hauptstraße* einmündet.

Ihr folgen Sie nach links zum *Blumenplatz* und erreichen wenig später Ihren Ausgangspunkt am Rathaus.

Informationen zur Tour

Ausgangsort
Kandern

Anfahrt
PKW: A 5, Karlsruhe – Basel, ab Autobahndreieck Weil am Rhein A 98 in Richtung Lörrach, Ausfahrt Kandern; auf Landstraße nach Kandern; Parkplatz in der Waldeckstraße beim Rathaus
Bus: Verbindungen von Müllheim, Bad Bellingen, Weil am Rhein und Lörrach
Museumsbahn: An manchen Wochenenden zwischen April und Oktober fahren zwischen Haltingen und Kandern historische Dampfzüge

Zielort
Wie Ausgangsort

Unterkunft
- Hotel zur Weserei, Hauptstr. 70, Tel. 076 26/4 45; histor. Gasthaus in Ortsmitte Kandern (mittel)
- Gasthaus Sonne, Hauptstr. 24, Tel. 076 26/2 27; Ortsmitte Kandern (preiswert)
- Privatzimmer, u.a. Frau Stolz, Marktplatz 11, Tel. 076 26/2 82 (preiswert)
- Terrassen-Camping, am Freibad von Kandern, Tel. 076 26/78 74

Einkehrmöglichkeiten
Mehrere Gaststätten in Kandern, u. a. Hotel-Restaurant zur Weserei (Mo/Di bis 17 Uhr geschl.); Schloßwirtschaft Bürgeln mit Aussichtsterrasse (täglich außer Di bis 19 Uhr)

Öffnungszeiten
- Schloß Bürgeln, März – Nov. täglich außer Di Führungen um 11, 14, 15, 16 Uhr
- Heimat- und Keramikmuseum in Kandern, April – Ende Nov. So 10 – 12.30, Mi 15 – 17.30 Uhr; an manchen Tagen zwischen Mai und Okt. Schautöpfern

Auskunft
Verkehrsamt, Hauptstr. 18, 79400 Kandern, Tel. 076 26/8 99-60

Karte
Atlasco 1 : 30 000, Blatt 257 (Kandern)

Seit dem 16. Jh. wird in Kandern die in der Umgebung vorkommende Tonerde in Töpfereien verarbeitet.

30 Zur Burgruine Rötteln

Tourenlänge
13 km

Durchschnittliche Gehzeit
4 Std.

Etappen
Haagen – Hauingen (Kirche) 2 km – Rechberg 2,5 km – Straße Haagen-Wittlingen 5 km – Burgruine Rötteln 2,5 km – Haagen 1 km

Steigung
230 m

Eignung für Kinder
Gut geeignet (ab 8 Jahren)

Wegcharakter
Zwischen Haagen und Hauingen leichter Anstieg am Talhang, von Hauingen langer Anstieg über Rechberg zur Runshütte, leicht auf und ab bis Burgruine Rötteln; insgesamt ca. 3,5 km auf ruhigen Straßen, ansonsten auf Forst- und Waldwegen

Interessantes am Weg
Burgruine Rötteln

Wegmarkierung
Haagen – Hauingen: drei schwarze Rechtecke auf gelbem Grund (Interregio-Weg); Hauingen – Rechberg: keine Markierung; Rechberg – Runshütte: roter Balken; auf 1,5 km Länge: blaue Raute; anschließend über Rötteln nach Haagen: Markierung des Interregio-Wegs

Gewaltige Burg in Aussichtslage

Vom Parkplatz in Haagen gehen Sie zwischen der Schloßberghalle und einer Schule hindurch, folgen der *Markgrafenstraße* nach links, kreuzen am Ortsrand die Straße nach Wittlingen und steigen entlang dem Ortsrand von Hauingen am Talhang auf der Straße *Am Buchenrain* an. Auf der querlaufenden *Lingertstraße* gehen Sie zur Durchgangsstraße hinunter und wenden sich nach links. Unmittelbar vor der Kirche biegen Sie links ab und folgen einem Fußweg entlang des Soormattbaches talaufwärts. Am Ende des Friedhofs wenden Sie sich nach rechts, steigen nach links auf der *Dornhaldenstraße* recht steil an und verlassen den Ort.

Zwischen Wiesen führt das Sträßchen am Talhang stetig bergauf – auf Höhe eines Gehöfts schneiden Sie zwei Straßenkehren ab – nach Rechberg, das nur aus wenigen Bauernhöfen und einer Gaststätte besteht. Nach links folgen Sie dem *Weilermattweg* durch Wald, biegen an einem Bächlein links ab und steigen weiter an zu einem Rastplatz an der Runshütte. Ein querlaufender Forstweg (*Hohe Straße*) führt nach links, in südliche Richtung, zu einer weit ver-

schobenen Wegkreuzung (Wolfsgrube), an der Sie sich links halten, die Straße Haagen – Wittlingen kreuzen und in leichtem Auf und zur Gabelung eines Forstwegs gelangen. Der links abzweigende Weg führt leicht bergab zur Burgruine Rötteln und in den äußeren Festungsbereich, aus dem Sie zur Oberburg der gewaltigen Anlage hochsteigen.
Im Jahr 1315 kam die Burg der Herren von Rötteln in den Besitz der Markgrafen von Sausenburg. Dieses einflußreiche Geschlecht baute die Burg zu ihrem Verwaltungssitz aus, wodurch sie zu einer der größten Burgen in Baden wurde, in der über 100 Menschen lebten. Im 17. Jh. wurde sie durch Kanonenbeschuß zerstört, dennoch sind eindrucksvolle Mauern sowie der Bergfried, der älteste Teil der Burg, erhalten.
Gleich nach Verlassen der Burganlage durch das untere Tor wenden Sie sich nach links, steigen am steilen Hang auf die Sohle des Wiesentals hinunter und erreichen nach links den Ortsrand von Haagen. Durch die Straße *Taubenacker* und, leicht nach links, durch die *Ritterstraße* kehren Sie zu Ihrem Ausgangspunkt zurück.

Die Burgruine Rötteln, eine der größten Süddeutschlands, ist ein hervorragender Aussichtspunkt.

Informationen zur Tour

Ausgangsort
Haagen

Anfahrt
PKW: A 5, Karlsruhe – Basel; ab Autobahndreieck Weil am Rhein A 98, Ausfahrt Lörrach; über Brombach nach Haagen; in Haagen von der Durchgangsstraße abbiegen (Ausschilderung: Schloßberghalle) zu Parkplatz an der Schloßberghalle
Bahn: Linie Basel – Zell, Bhf. Haagen; alle 30 – 60 Minuten
Bus: Vom Busbahnhof Lörrach Stadtbus-Linie 16, Haltestelle Ritterstraße; mehrmals täglich

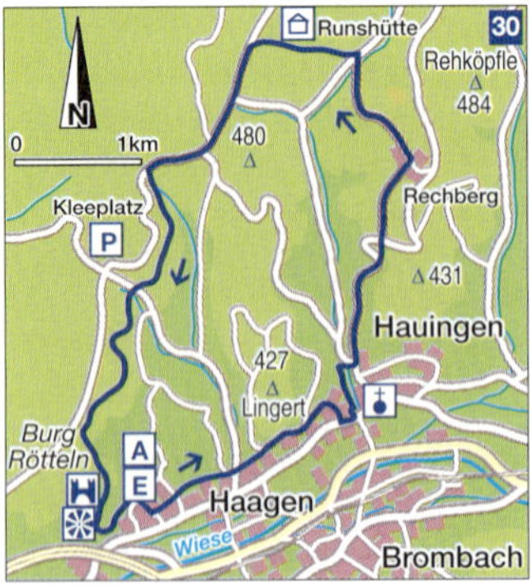

Zielort

Wie Ausgangsort

Unterkunft

- Nike Hotel, Turmstr. 24, Tel. 0 76 21/ 30 41; im Zentrum von Lörrach beim Bahnhof (gehoben)
- Hotel Henke, Markgrafenstr. 48, Tel. 0 76 21/5 15 10; Ortsmitte Haagen (preiswert – mittel)
- JH, Steinenweg 40, Tel. 0 76 21/ 470 40; am südöstlichen Stadtrand von Lörrach
- Campingplatz, Grüttweg, Tel. 0 76 21/8 25 88; im Landschaftspark Im Grütt am südöstlichen Stadtrand von Lörrach

Einkehrmöglichkeiten

In Haagen u. a. Restaurant Markgrafen-Stuben (Mo geschl.); Vesperstube Rechbergerhof (Mi geschl.); Burgschenke Rötteln (So/Mo geschl.) mit Gartenwirtschaft (So geöffnet)

Öffnungszeiten

- Burgruine Rötteln, ganzjährig 10 – 18 Uhr; kleine Ausstellung Mitte März – Ende Okt. 10 – 18 Uhr; geringe Eintrittsgebühr für die Oberburg, wenn die Ausstellung geöffnet ist; ansonsten ist eine Spende erwünscht

Auskunft

Städtisches Verkehrsbüro, Bahnhofsplatz 6, 79539 Lörrach, Tel. 0 76 21/ 4 15-6 20

Karte

Atlasco 1 : 30 000, Blatt 220 (Lörrach, Schopfheim)

Sehenswertes in der Umgebung

In Lörrach das Museum am Burghof, Regionalmuseum, u. a. mit Funden von Burg Rötteln; Mi – Sa 14 – 17, So 11 – 13 und 14 – 17 Uhr

Idyll am Wanderweg: ein uriger Bauernhof im abgelegenen Weiler Rechberg.

Reise-informationen

Ausrüstung

Kleidung
Da die hier beschriebenen Touren keine alpinen Anforderungen stellen, genügt die übliche Ausstattung für Tageswanderungen. Bei der Auswahl der *Kleidung* sollte man grundsätzlich darauf achten, daß nichts einengt und sowohl Unter- als auch Oberbekleidung aus schnelltrocknenden Fasern besteht, z. B. aus Mikrofasern, die bewirken, daß Feuchtigkeit nach außen gelangt. Da sich sowohl die Körper- als auch die Außentemperatur im Verlauf der Tour verändert, empfiehlt sich der »Zwiebellook«, also mehrere Lagen: T-Shirt, Bluse bzw. Hemd, leichter Pullover, Regenjacke.
Die Touren verlaufen vorwiegend auf Wald- und Wirtschaftswegen, die gelegentlich asphaltiert sind, bzw. auf Straßen in den Städten, doch sind einzelne Wegabschnitte auch steinig und felsig, so daß leichte Wanderstiefel zu empfehlen sind.

Verpflegung
Auf allen Touren passiert man entweder ein Dorf mit Gasthaus, ein Städtchen mit Cafés und Restaurants oder ein einzeln gelegenes Ausflugslokal (s. Hinweise unter »Einkehrmöglichkeiten« am Ende jeder Tourbeschreibung). Die Gasthäuser sind in der Regel durchgängig geöffnet, bieten aber teilweise nur über die Mittagszeit warme Küche, während ein kaltes Vesper immer zu haben ist. Wer unabhängig sein möchte, sollte sich vor der Tour mit Proviant eindecken, denn nicht immer liegt an der Strecke ein Lebensmittelgeschäft, das außerdem gerade über Mittag geschlossen haben könnte. Getränke – Mineralwasser, Tee, Fruchtsaft – mitzunehmen, empfiehlt sich in jedem Fall.

Karten
Es gibt zahlreiche Einzelkarten – herausgegeben von den Fremdenverkehrsämtern der einzelnen Gemeinden oder von den Landratsämtern und erhältlich vor Ort – sowie mehrere Kartenserien.
In diesem Wanderführer sind bei den einzelnen Touren, soweit möglich, die Blätter der Serie *Atlasco-Wanderkarte* angegeben; die Karten, großteils im Maßstab 1 : 30 000, sind zwar wenig anschaulich, enthalten aber so gut wie alle markierten Wege und meistens auch zahlreiche Kurzbeschreibungen von Wandertouren.

Die Karten der Serie *Kompass-Wanderkarte* im Maßstab 1 : 30 000 – mit Erläuterungen zu landschaftlichen und kulturhistorischen Gegebenheiten sowie Ortsbeschreibungen und Wandervorschlägen – sind wenig anschaulich und enthalten nicht alle markierten Wege; nicht überall erhältlich.
Der RV Reise- und Verkehrsverlag publiziert die drei Karten *Schwarzwald-Nordblatt, -Mittelblatt und -Südblatt* im Maßstab 1 : 75 000; recht anschaulich, aber eingetragen sind nur die vom Schwarzwaldverein markierten (Fern-) Wanderwege und Zugangswege; kurze Auflistung kulturhistorischer und landschaftlicher Besonderheiten; im Buchhandel erhältlich.
In Zusammenarbeit mit Schwarzwaldverein bzw. Schwäbischem Albverein publiziert das Landesvermessungsamt Baden-Württemberg die Serie *Topographische Karte*, 1 : 50 000; sehr anschaulich, aber eingetragen sind nur die vom Schwarzwaldverein bzw. Schwäbischen Albverein markierten Wege; im Buchhandel überall erhältlich.
Für diejenigen, die im Schwarzwald viel wandern möchten, empfiehlt sich die Benutzung der Atlasco-Karten zusammen mit dem jeweiligen Kartenblatt des Landesvermessungsamts.

Bestelladressen:
• Dr. Götze – Land und Karte, Bleichenbrücke 9, 20354 Hamburg, Tel. 0 40/3 48 03 13
• Geo-Center – Internationales Landkartenhaus, Postfach 900830, 70508 Stuttgart, Tel. 07 11/7 88 93 40
• Schwarzwaldverein, Wilhelmstr. 1E, 79098 Freiburg, Tel. 0761/3 80 53-0

Anreise

Im Schwarzwald auf das eigene Auto zu verzichten, fällt nicht schwer, denn sowohl die Zugverbindungen in den Schwarzwald (ICE und InterRegio) als auch der Schienen- und Busverkehr vor Ort sind hervorragend.

In den Schwarzwald
Von der ICE-Strecke im Rheintal führen InterRegio-Strecken in den Schwarzwald hinein, so daß es z. B. möglich ist, von der Nordsee mit dem InterRegio »Höllental« bis an den Schluchsee zu fahren und von Dortmund mit dem InterRegio »Murgtal« bis nach Freudenstadt. Der Schwarzwald Tourismusverband (Adresse s. u.) unterstützt die Anreise per Zug durch einen besonderen Service: Zusammen mit der Buchung von Unterkünften im Schwarzwald können stark ermäßigte (bis zu 55%) Bahnfahr-

karten bestellt werden, die dann zusammen mit dem ausgearbeiteten Fahrplan vom Heimat- zum Ferienort an den Zugreisenden versandt werden. Auch viele Gastgeber haben sich auf die Zugreisenden eingestellt, indem sie den Transfer vom und zum Bahnhof übernehmen.
Wer trotzdem sein eigenes Auto im Urlaub dabei haben möchte, kann mit dem Autoreisezug nach Lörrach anreisen, und zwar von Hamburg, Hannover, Berlin, Düsseldorf und Köln aus.

Zu den Ausgangspunkten der Touren
Nahverkehrsstrecken erweitern das Angebot, so daß viele Ferienorte im Schwarzwald durch Bahnlinien miteinander verbunden sind. Wer dies ausnützen möchte, dem bietet die Deutsche Bundesbahn das preisgünstige »FerienTicket« an: beliebig viele Fahrten täglich ab 8.30 Uhr in allen Zügen des Nahverkehrs sowie in allen InterRegio-Zügen für DM 40,– pro Person und Woche; bis zu 4 weitere Mitfahrer zahlen jeweils die Hälfte, Kinder DM 10,–. Bedingung für dieses kostengünstige Angebot ist allerdings, daß der Reisende bereits mit der Bahn in den Schwarzwald angereist ist und für die Hin- und Rückfahrt mindestens DM 199,– ausgegeben hat.
Ergänzt wird das Bahnnetz durch regional verkehrende Busse, die die Bahnhöfe anfahren. Spezielle Wanderbusse erweitern an den Wochenenden das Angebot in den besonders frequentierten Wandergebieten. Busfahrpläne sind in den Fremdenverkehrsämtern kostenlos erhältlich; bei den Auskunftsstellen der einzelnen Busgesellschaften können Fahrzeiten telefonisch erfragt werden.
Vergünstigte Tickets begünstigen das Umsteigen auf öffentliche Verkehrsmittel. So bietet z. B. die SüdbadenBus GmbH SBG-Freizeit-Tickets an: Zum Preis von DM 5,– für Einzelpersonen (DM 8,– für Familien) können einen ganzen Tag lang alle SBG-Linien genützt werden. DM 35,– (DM 65,– für die Familie) muß man bezahlen, will man eine Woche lang mit dem »7-Tage-SüdbadenBus-Paß« die Region erkunden. Auch für den im Nordschwarzwald verkehrenden Freizeitbus, der an den Wochenenden im 1- oder 2-Stunden-Takt die Linien in den Wandergebieten befährt, gibt es preiswerte Einzelfahrscheine oder einen Freizeitpaß.
Alle Ausgangspunkte der hier vorgeschlagenen Touren sind entweder per Bahn und/oder Bus erreichbar.

Unterkünfte

Hotels und Gasthöfe
Riesig ist das Angebot an Hotels, denn Tourismus hat im Schwarzwald Tradition. Vom Nobel-Hotel mit internationalem Ruf bis zum einfachen Landgasthof ist alles zu finden. Der Standard ist hoch: Die meisten Zimmer verfügen über Dusche/WC. Die Preise variieren nach Gegend und Standard. Die in den Tourinformationen angegebenen Hinweise auf die Preiskategorien beziehen sich auf eine Übernachtung mit Frühstück für eine Person

- preiswert: bis DM 50,–
- mittel: DM 50,– bis DM 80,–
- gehoben: mehr als DM 80,–

Informationen zu Unterkünften können generell bei den einzelnen Fremdenverkehrsämtern vor Ort angefordert werden oder den Katalogen der einzelnen Regionen – der Schwarzwald ist aufgeteilt in Nördlichen, Mittleren und Südlichen Schwarzwald – entnommen werden. Die in diesen Katalogen aufgelisteten Hotels, Gasthöfe, Pensionen sowie Ferienwohnungen können über die jeweilige Zentrale Zimmervermittlung kostenlos gebucht werden.

- Zentrale Buchungsstelle Nördlicher Schwarzwald, Yorckstr. 23, 79110 Freiburg, Tel. 0761/8 85 81-20 und 21
- Zentrale Zimmervermittlung Mittlerer Schwarzwald/ Ortenau, Schwenninger Str. 3, 78048 Villingen-Schwenningen, Tel. 0 77 21/84 64 10
- Zimmerreservierung Südlicher Schwarzwald, Stadtstr. 2, 79104 Freiburg, Tel. 0761/ 2187-3 02 oder 5 18; Mo – Fr 9 – 18, Mai – Sept. auch Sa 10 – 14 Uhr

Ferienwohnungen
Über das reichhaltige Angebot informieren entweder die einzelnen Fremdenverkehrsämter oder die Kataloge der Regionen Mittlerer und Südlicher Schwarzwald. Beim Schwarzwald Tourismusverband (Adresse s. u.) ist außerdem ein Sonderprospekt »Familienferien« mit ausführlichen Beschreibungen von Ferienwohnungen, Ferienhäusern und Feriendörfern erhältlich.

Ferien auf dem Bauernhof
Viele der meist einzeln stehenden Bauernhöfe bieten Zimmer mit Frühstück oder Ferienwohnungen an. Diese preisgünstige Art der Unterkunft bietet die Möglichkeit, Einblick zu nehmen in das Leben auf einem Schwarzwaldhof, auf dem nicht selten

noch Kühe gehalten werden, Schnaps gebrannt oder Obstbau betrieben wird.
Der Gesamtkatalog »Zu Gast auf dem Bauernhof in Baden-Württemberg« kann gegen DM 5,– bezogen werden bei: Urlaub auf dem Bauernhof in Baden-Württemberg, Postfach 54 43, 79021 Freiburg, Tel. 0761/ 2 71 33 90

Jugendherbergen
Rund 30 Jugendherbergen bieten im Schwarzwald preisgünstige Übernachtungen an. Weitere Informationen enthält das Verzeichnis »Jugendherbergen in Baden-Württemberg«, das gegen DM 3,– in Briefmarken angefordert werden kann bei: Deutsches Jugendherbergswerk, Landesverband Baden, Weinweg 43, 76137 Karlsruhe, Tel. 07 21/9 62 10-0

Campingplätze
Informationen zu den Campingplätzen enthalten die Kataloge der Regionen Nördlicher und Mittlerer Schwarzwald. Ein Sonderprospekt »Campingplätze« mit ausführlicher Beschreibung der Lage, Einrichtungen und Preise kann beim Schwarzwald Tourismusverband (Adresse s. u.) angefordert werden.

Wichtige Adressen

- Schwarzwald Tourismusverband, Bertoldstr. 45, 79098 Freiburg, Tel. 0761/3 13 17
- Touristik Nördlicher Schwarzwald, Postfach 10 06 66, 75106 Pforzheim, Tel. 072 31/179 29
- Tourist-Info Mittlerer Schwarzwald und Ortenau, Schwenninger Str. 3, 78048 Villingen-Schwenningen, Tel. 077 21/ 84 64 10
- Tourismus Südlicher Schwarzwald, Postfach, 79081 Freiburg, Tel. 0761/21 87-3 04
- Schwarzwaldverein, Wilhelmstr. 1E, 79098 Freiburg, Tel. 07 61/3 80 53-0

Kartensymbole

M Museum
Aussichtspunkt
Kirche
Kapelle
Schloß
Höhle
Einkehr
Camping
Hütte, Berghaus
Bademöglichkeit

Ortsregister

Kursive Ziffern verweisen auf Abbildungen, geradestehende auf Textstellen.